VITA MIA

DE LA MÊME AUTRICE

Les Vacances, 1963
L'Âge du malaise, 1963
Teresa la voleuse, 1972
Femme en guerre, 1977
Histoire de Piera, 1983
Le Petit Alberto, 1988
La Vie silencieuse de Marianna Ucrìa, 1992
Voix, 1996
Le Bateau pour Kôbé, 2003
Retour à Bagheria, 2004
À pas furtifs, 2010
Murs de nuit, 2018
Trois femmes, 2022

Dacia MARAINI

VITA MIA

Une enfant italienne dans une prison japonaise (1943-1945)

Traduit de l'italien par Marc Lesage

PAYOT

Retrouvez l'ensemble des parutions
des Éditions Payot sur

editions-payot.fr

Ouvrage traduit
en collaboration avec Mario Pasa

Titre original :
VITA MIA
Giappone, 1943.
Memorie di una bambina italiana
in un campo di prigonia

Vita mia che mi sei malandata
che mi sei tormentata
che mi sei svirgolata
che te ne vorresti andare
senza un saluto, un piede avanti
e uno indietro, vita mia
che balli e canti
sulle rovine del passato…
Ma prima di andare
lasciati capire
lasciati concepire
lasciati abbracciare
lasciati raccontare.

Toi, ma vie qui as reçu tant
de coups
Qui as connu tant de tourments
Qui as pris tant de virages
Toi qui voudrais t'en aller
Sans un au revoir, un pied
devant,
L'autre derrière, toi, ma vie
Qui danses et chantes
Sur les ruines du passé…
Avant l'heure du départ
Laisse-toi comprendre
Laisse-toi saisir
Laisse-toi embrasser
Laisse-toi raconter.

Je dois remercier ma mère, mon père et ma sœur Toni d'avoir écrit sur le Japon et le camp de concentration, bien mieux que moi, c'est certain. Affronter ce sujet douloureux m'a toujours été très pénible. Je l'ai déjà évoqué dans mes livres, mais sans jamais m'attarder sur ces longs mois de détention et l'empreinte qu'ils ont laissée dans ma vie. Il est temps pour moi de le faire, je le sens, même s'il me faut vaincre une réticence intérieure, une timidité que je partage avec beaucoup d'anciens captifs.

D'un côté, on voudrait oublier ce qui est impossible à oublier, surtout lorsqu'on voit se répandre de toutes parts un sentiment d'agacement, de lassitude envers la mémoire. Nous le vivons comme une offense, une véritable humiliation. Alors autant se taire et enfermer dans un recoin de son cœur les abominables expériences du camp – voilà ce que conseille l'instinct de survie. Mais une autre voix, moins persuasive et plus insistante, incite à parler. À dire, à relater, à témoigner.

Ma mère et mon père avaient certes un regard d'adultes réfléchis lorsqu'ils ont choisi de ne pas adhérer à la république de Salò[1]. Pour ce qui me concerne, je peux uniquement raconter comment j'ai vécu cette expérience si douloureuse, toujours en suspens entre la vie et la mort, et comment elle a influencé ma manière de penser et d'agir.

Ma mère l'a décrite à chaud, en tenant un journal lors de notre première année de détention. Ce cahier défraîchi qu'elle avait pris à notre départ de Kyoto a duré tant qu'a duré le petit bout de crayon dont elle se servait et tant qu'il lui restait des pages. Puis, une fois privée de crayon et de papier, elle s'est arrêtée. Mais ce n'était pas la seule raison, comme elle s'en explique dans le carnet : « Faiblesse, faim, tête qui tourne, nerfs en pelote, j'ai des petites taches noires devant les yeux, les humbles divertissements que sont la couture ou l'écriture deviennent difficiles. »

Mon père en a parlé dans plusieurs de ses livres, dont *Ore giapponesi* et *Case, amore, universi*. Le cahier de ma mère y est largement cité.

Ma sœur Toni, elle, a composé un livre émouvant, *Ricordi d'arte e prigionia di Topazia Alliata*, où, plus de cinquante ans après la guerre, elle a restitué ce fameux carnet japonais, accompagné d'un long entretien avec notre mère, qui était encore parmi nous. Elle y a également ajouté des réflexions profondes sur cette période et sur notre expérience commune. Toni est l'historienne de la famille, je m'appuierai sur elle pour sa précision, sa rigueur, sa sincérité et son approche documentée.

1. Fondée en septembre 1943 par Mussolini après qu'un commando allemand eut « libéré » le dictateur déchu en juillet, la « République sociale italienne » couvrait des territoires occupés par la Wehrmacht et avait son siège au bord du lac de Garde. *(N.d.É.)*

1

Tout commence un matin où je suis dans les bras de ma mère, à l'intérieur d'une voiture silencieuse. Derrière les vitres embuées, j'aperçois les réverbères qui passent. Clarté, ténèbres, clarté, ténèbres.

Le monde prenait forme devant mes yeux stupéfaits, sur un rythme calme et puissant. Tandis que je m'abandonnais, non sans inquiétude, à cette inlassable alternance, je sentais le parfum qui suivait ma mère partout : du muguet mêlé à la menthe d'un savon japonais. Pendant que ce corps ami m'offrait sa tiédeur, mes yeux embrassaient ce monde qui me semblait voué à n'être qu'un bref passage entre la lumière et l'ombre. Je finirais par apprendre, trop vite d'ailleurs, que l'ombre pouvait l'emporter sur la lumière et me retenir au fond d'une prison sans issue.

Des années plus tard, j'ai pu relier les différents moments de cette journée en me fiant aux récits de mes parents. Nous étions au Japon. J'allais avoir sept ans. Nous nous étions fondus avec bonheur dans ce tissu complexe qu'est la culture japonaise. Je parlais le dialecte de Kyoto à la perfection, mon père enseignait à l'université, ma mère participait à de grandes réunions d'étudiants opposés à la guerre. On rêvait de paix. À nos yeux, la fin du conflit était proche et nous pourrions alors rentrer en Italie.

Mon père avait hâte de revoir sa mère, l'indomptable Yoi, après des années d'éloignement et de lettres pleines d'affection et d'angoisse. Ma mère à moi rêvait d'embrasser son père, *nonno* Enrico. Nous ne savions pas que la guerre durerait encore deux longues années et que le pire était à venir, pour le Japon, pour les pauvres habitants de Nagasaki et d'Hiroshima, pour la petite famille Maraini qui se composait d'un père, Fosco, d'une mère, Topazia, et de trois petites filles : Dacia, née à Florence ; Yuki et Toni, nées à deux ans d'intervalle en terre étrangère.

Toni, c'est-à-dire Antonella, se serait appelée Kiku (Chrysanthème) si les représentants de l'État italien au Japon n'avaient pas refusé de l'enregistrer sous un prénom japonais, alors qu'elle avait vu le jour à Tokyo. Même chose avec Yuki, qui s'appelait officiellement Luisa ; mais pour nous elle resterait la petite Neige, venue au monde dans la blanche Sapporo, au cœur de la froide région d'Hokkaido. Nul ne pouvait alors prévoir que cette blonde et douce fillette aux yeux un peu tristes mourrait prématurément d'une maladie des os.

Quelques jours après le 8 septembre 1943[2], mes parents furent convoqués par les autorités japonaises. D'où ce trajet en taxi, en attendant un probable sermon géopolitique

2. Date de l'annonce officielle de l'armistice signé cinq jours plus tôt par le nouveau gouvernement de Rome avec les Alliés. *(N.d.É.)*

dispensé par les instances dirigeantes. En réalité, tandis que j'étais confiée à une employée aux cheveux blancs et au tablier noir, Fosco et Topazia furent enfermés dans deux bureaux séparés et sommés de prendre position sur l'alliance entre le Japon, l'Allemagne nazie et le nouvel État fasciste de Mussolini. S'ils adhéraient à cette « République sociale italienne », ils devraient lui jurer fidélité officiellement. On exigeait qu'ils donnent leur réponse, et tout de suite. En cas de refus, leur seul horizon serait un camp de concentration réservé aux traîtres à la patrie. Fidèles à leurs idées, mes deux parents décidèrent de ne pas signer, sans même se consulter.

Ma mère me l'a répété maintes fois au cours des années qui suivirent. Elle tenait à ce qu'on le sache : elle n'avait pas pris sa décision pour suivre passivement son mari, mais en toute indépendance. Ce n'était pas un choix politique, aucun d'eux n'adhérait à un quelconque parti. Une chose les unissait, néanmoins : le refus du racisme.

De la part d'un anthropologue, cela peut se comprendre ; de la part d'une jeune Sicilienne élevée à Bagheria et fille de duc, pas forcément. Il suffisait pourtant de connaître un tant soit peu mon grand-père Enrico Alliata pour saisir comment cette gamine blonde, amoureuse de la vie et de la vérité, avait pu nourrir de telles opinions libertaires. *Nonno* Enrico était un aristocrate qui se fichait pas mal de l'aristocratie, travaillait la vigne avec ses paysans, lisait philosophes et historiens. S'il était tellement préoccupé par ce qui se passait en ces années 1930, c'est parce qu'il avait lu Tolstoï, Tacite et Platon, qu'il connaissait Krishnamurti, sa conception de la paix et de la liberté intellectuelle. Bref, cet homme à la conscience toujours en alerte avait des idées bien arrêtées sur ce que devait être une attitude démocratique, même s'il ne souscrivait à aucune idéologie en particulier.

Devant les réponses négatives de mes parents, les très courtois policiers japonais devinrent aussitôt dédaigneux et grossiers : eux, pour le coup, étaient imprégnés d'idéologie nationaliste, leur vision de l'État était aussi conservatrice qu'autoritaire. C'est avec ma mère qu'ils furent le plus désagréables : ces hommes s'attendaient à ce qu'elle verse des larmes de repentir, à ce qu'elle proclame son amour maternel, à ce qu'elle demande humblement pitié pour elle et ses filles. Au lieu de quoi, ils avaient devant eux une femme fière et décidée revendiquant sa liberté de pensée. Une pensée qui, sans être extrémiste, rejetait fermement l'injustice politique et sociale, le mépris des convictions et des droits du citoyen.

« Vous savez que nous allons être obligés de vous enfermer dans un camp de concentration en tant que traîtres à la patrie ? »

Ma mère acquiesça malgré les doutes qui l'assaillaient.

« Et vos filles, que comptez-vous en faire ? insista le policier.

– Pourriez-vous leur garantir un retour en Italie, auprès de leurs grands-parents ?

– Hors de question !

– Dans ce cas, confiez-les au consulat suisse. J'y ai des amis qui prendront soin d'elles.

– Nous sommes en guerre, madame. Nous pouvons à la rigueur les envoyer dans un orphelinat japonais.

– Alors non, je préfère qu'elles restent avec moi. »

Ma mère était une femme d'acier. Tant que c'était possible, elle défendait ses droits. Face à ces policiers bornés, elle a choisi l'unité familiale. Et elle a vu juste. L'orphelinat où nous aurions dû être placées a été bombardé, pas un seul enfant ne s'en est sorti. Mais ça, nous ne l'avons su qu'après la guerre, bien entendu. Mes sœurs et moi avons été expédiées dans un camp, nous avons vu la mort de près ; et si nous avons finalement survécu, c'est à l'intuition et à l'obstination d'une jeune Sicilienne éprise de liberté que nous le devons. Reste la douleur à l'idée que tous ces gosses innocents ont péri sous les bombes. Hélas, la guerre est féroce, et à l'époque qui est la nôtre c'est aux civils qu'elle s'en prend, plus qu'aux militaires.

2

Nous avons été prisonniers chez nous durant trois longues semaines. Impossible de sortir. Un policier montait la garde devant la porte d'entrée. Seule la douce, la si douce Miki Uryū Morioka, notre nounou, avait le droit de mettre le nez dehors pour aller aux commissions. Une fois rentrée, elle restait cloîtrée avec nous. La police la regardait d'un mauvais œil parce qu'elle n'avait pas adopté le ton de mépris réservé aux traîtres. Mais elle nous connaissait, elle savait que nous ne trahissions strictement rien ; nous ne faisions que rejeter un régime autoritaire et illibéral qui nous avait toujours fait horreur, et d'abord à cause de son racisme outrancier et violent. Okāchan, « maman », comme nous l'appelions, nous aimait ; elle se faisait une joie de prendre soin de nous et essayait de nous faire oublier cette première détention, à domicile.

Encore deux mots sur la souriante, la généreuse Miki, qui nous a accompagnées jusqu'à la fin de notre séjour au Japon, qui a dépensé toutes ses économies pour venir nous voir en Italie dans les années 1960, qui nous racontait les plus beaux contes du folklore japonais et qui n'a pas hésité à braver les interdits en venant au camp de Tempaku : sans le moindre égard, les gardes lui ont confisqué son *furōshiki*, son petit baluchon rempli de nourriture, avant de la repousser brutalement.

Combien de contes, de poèmes, de berceuses et de comptines nous a-t-elle appris dans son japonais chantant ! « *Haru ga kita ! Haru ga kita ! Doko ni kita ?* – Le printemps est là ! Le printemps est là ! Où est le printemps ? » Elle entonnait souvent cette chanson. Je l'ai encore dans les oreilles. Rien de tel que la musique pour graver les souvenirs, comme une pointe supportant le poids léger et fragile du passé. Mais bien plus résistante qu'un clou, parfois.

Quand je chante *Haru ga kita*, je me souviens aussitôt du sourire de Miki avec ses dents de lapin légèrement en avant, de ses yeux allongés et mi-clos dont les paupières gonflées cachaient deux pupilles d'un noir de poix – des yeux lumineux et remplis d'affection. Je me souviens de ses *tabi*, les chaussettes blanches qui séparent le gros orteil des autres et qu'on porte avec des *geta*, les traditionnelles sandales en bois. Ces *tabi* en robuste coton blanc, elle les lavait quotidiennement et les pendait dehors, à un crochet près de la fenêtre.

Okāchan avait un mari d'une grande beauté, un homme distingué et souriant que nous appelions Ogigi. Il n'avait rien du Japonais renfrogné et intraitable. Chaque fois qu'il venait chercher sa femme, il jouait avec nous et se mettait à quatre pattes pour faire le cheval ou l'âne. En tant que soldat, on l'a envoyé monter la garde sur la grande place d'Hiroshima. Il était sur les lieux quand la bombe atomique a explosé. Il s'en est sorti, pourtant : le souffle et les flammes l'ont projeté dans une flaque de boue.

Voici son récit : « Je mangeais un peu de riz et de légumes quand j'ai été aveuglé par une lumière si éblouissante qu'elle transperçait les yeux… Aussitôt après, j'ai entendu un grand bruit. Le bol que je tenais s'est envolé et brisé en mille morceaux. Et pendant que je regardais en l'air, ébahi, je me suis senti moi aussi soulevé par une force inouïe, comme si une corde me tirait vers le haut. Mes vêtements s'étaient gonflés et ils ont pris feu. Moi, je volais. Et puis j'ai perdu connaissance. Lorsque je me suis réveillé, je flottais sur une espèce de mare. L'eau boueuse avait éteint les flammes qui me brûlaient, c'est ça qui m'a sauvé la vie. »

À son retour chez lui, Ogigi était couvert de plaies. Au bout de presque deux ans de souffrance, les radiations auxquelles il avait été exposé l'ont tué.

Je me souviens du dos gracile et des petites mains d'Okāchan tandis qu'elle reprisait ses *tabi*. En cuisine, son corps léger bien qu'engoncé dans un long kimono évoluait avec la même délicatesse empressée. Elle savait cuire le riz sans avoir à le surveiller ; elle savait couper les *tsukemono*, ces légumes marinés dans de l'alcool de riz, avec une maîtrise ancestrale ; elle savait frire le poisson pour qu'il soit croustillant à l'extérieur et fondant à l'intérieur, comme l'aimait mon père ; elle savait préparer en un tournemain les *omochi*, ces petits carrés de pâte de riz gluant, d'abord raides et durs, puis moelleux et gonflés une fois passés au four – on les mangeait trempés dans de la sauce soja (*shōyu*) agrémentée de sucre. Bref, Okāchan était vraiment notre seconde maman. Nous l'aimions de tout notre cœur et nous ne l'avons jamais oubliée. C'était réciproque, d'ailleurs.

Derniers jours de détention à la maison. J'observais ma mère préparer les trois valises que nous pouvions emporter. Malgré ses gestes vifs et efficaces, elle s'interrompait parfois dans son tri des vêtements, comme pour se demander : « Où nous emmènent-ils ? Dans quel coin du Japon ? Est-ce qu'il fera froid ou chaud ? »

Sachant combien elle était sensible aux odeurs, je lui apportais de minuscules fleurs de citronnelle en lui disant : « Sens-les, *mamá*, ça va te consoler. » J'ai hérité de ce nez capable de capter les parfums les plus subtils. Exactement comme celui de la nouvelle de Gogol, qui se promène le long des quais de Saint-Pétersbourg, tout seul au bord de la Neva. Un nez très indépendant, au grand dam de son propriétaire, le major Kovaliov.

« Sens-les, *mamá* ! » insistais-je. Elle s'exécutait puis me remerciait. Je comprenais pourtant que cela ne suffirait pas à effacer cette ride d'inquiétude qui barrait son front, tel un coup de sabre.

Je l'appelais *mamá* comme elle appelait sa propre mère, à l'espagnole. *Nonna* Sonia était chilienne et, même après une bonne soixantaine d'années passées en Italie, elle parlait encore un drôle d'italien mâtiné d'espagnol. Elle disait *perro* au lieu de *cane* (chien), *niño* au lieu de *bambino* (enfant) et *comida* au lieu de *pasto* (repas).

Ma grand-mère Sonia avait une voix à la fois douce et puissante, elle aurait très bien pu faire carrière – c'est d'ailleurs ce qu'elle aurait souhaité. Elle avait étudié le chant à l'école de la Scala de Milan. Elle était belle, élancée, avec de grands yeux pleins d'intensité. Chacun de ses mouvements avait une grâce féline. C'était une actrice-née, et avec cette voix elle aurait été parfaite dans le rôle de Violetta Valéry ou de Norma, la prêtresse gauloise. Mais à l'époque, faire monter sur scène une jeune femme de bonne famille passait pour une ignominie. Seules des prostituées pouvaient fouler les planches, drapées dans leurs costumes et sur fond de toiles peintes. La preuve : l'Église les faisait inhumer en terre non consacrée, loin des villes, au prétexte qu'elles étaient des débauchées et, partant, de dangereuses hérétiques.

La belle Sonia n'avait eu l'autorisation de chanter qu'à l'occasion de rares fêtes de bienfaisance. Cela l'avait tant frustrée qu'elle ne s'en était jamais remise. Elle faisait des scènes à son mari, tapait du pied et s'en prenait bruyamment à la terre entière.

« *A duchissa fa l'uopera.* – Ma'me la duchesse fait de l'opéra », disait Carmelina, la vieille nounou restée à la maison comme si elle était de la famille – c'était courant, en ce temps-là. Ma grand-mère Sonia n'est jamais retournée au Chili, mais elle était en contact avec sa sœur Olivia, qui avait épousé un baronnet anglais et vivait à la campagne, aux abords de Londres. Cette sœur qui menait une vie simple de femme au foyer comblée est morte d'une bien étrange façon. À l'âge de soixante-dix ans, son mari s'est suicidé au gaz. Il ne se doutait pas que cette arme fatale aurait tôt fait d'envahir l'étage du dessus, où dormait sa compagne : elle s'est éteinte sans s'en rendre compte, involontairement assassinée par son époux.

Topazia n'était guère attachée à cette femme volcanique et extravertie qui était incapable de maîtriser ses humeurs. Avec ses filles, Sonia passait de la tendresse à la dureté et des encouragements aux moqueries sans raison apparente.

Ma mère entretenait en revanche une relation épanouie et profonde avec son père, homme original et extravagant pour l'époque. Le modèle préféré d'Enrico était peut-être Léon Tolstoï, dont il connaissait bien les romans : il aimait son style sobre et efficace, sa foi chrétienne débordant d'humanité et d'affection envers les personnes et les bêtes. Enrico refusait de manger la viande d'animaux tués par l'homme et a même écrit un livre de recettes végétariennes, publié par un éditeur sicilien. On le réimprime encore. Son amour des êtres vivants lui venait aussi de sa connaissance approfondie des discours de Bouddha. Comme son père, Topazia aimait la nature et les bêtes, elle était patiente et tolérante, elle détestait les grands numéros de sa mère et n'a jamais chanté malgré sa belle voix. La frustration que Sonia faisait payer à ses proches l'agaçait profondément.

Où la petite Dacia avait-elle pêché l'idée qu'une odeur fraîche et douce puisse soulager la douleur si cuisante d'être détenue en terre étrangère, pour trahison qui plus est ? De la littérature japonaise, peut-être ? Même si je ne lisais pas encore les classiques, je savais que la culture nippone joue volontiers sur la relation qui unit l'humain à la nature. Il suffit de songer à ces maisons en bois et en papier toujours entourées d'une véranda qui enserre les murs telle une ceinture de bois poli : c'est là que se déroulent les cérémonies les plus importantes. On s'assoit sous cette véranda pour observer la naissance du soleil ou son coucher, on y improvise des poèmes à la lune, on y prépare le thé vert au parfum si délicat, on y entonne des chants traditionnels en l'honneur des défunts.

À nos yeux d'enfants, les morts n'étaient pas de ces fantômes qui apparaissent durant les nuits d'insomnie pour provoquer la peur : c'étaient des présences quotidiennes qui fréquentaient la maison, prodiguaient de bons conseils aux vivants et protégeaient les plus faibles. Depuis des siècles, chaque foyer japonais ménage quelque part un petit autel avec du riz blanc, du poisson séché, des algues marinées, des *tsukemono* et des gâteaux de pâte de riz fourrés à la crème de soja, tout cela pour les ancêtres, ces chers disparus si attachés au destin du pays et de leur famille. On y honore également les divinités anciennes du shintoïsme, guidées par une déesse de première importance appelée Amaterasu. Il est étrange qu'un Japon aussi farouchement misogyne que celui d'aujourd'hui s'en remette à une déesse du soleil. Mais, comme dans nos contrées, les anciennes croyances étaient liées à la dimension sacrée de la vie. En tant qu'exécutrices de la descendance, les femmes passaient pour les principales puissances célestes. Puis, avec l'arrivée du bouddhisme et surtout du confucianisme, le pouvoir de décision est passé de la mère au père.

En Europe, seul Proust a ouvert la voie des souvenirs par le biais d'une odeur – associée à une saveur, cela va de soi. En vraies petites Japonaises, mes sœurs et moi ne manquions pas de mots pour distinguer celles liées aux fleurs, aux plantes, aux feuilles de thé. Nous connaissions par cœur des *haiku* où s'exprimait une relation sensuelle et poétique avec les arbres, les étoiles, les fleurs, la lune. Dans ces brèves compositions, le temps est contracté et suspendu, on croirait de délicats et mystérieux dessins où une feuille qui tombe, un croissant de lune ou une grenouille plongeant dans un étang racontent l'obscur mystère de la vie avec plus d'intensité qu'un long récit bavard.

Je me souviens aussi de l'importance mythologique de la fleur de cerisier, ritualisée et chantée année après année, quand le pays tout entier se pare d'une couleur rose et s'imprègne d'un subtil parfum sucré. Plus tard, en lisant un beau roman japonais, j'ai découvert que ce symbole de la naissance du printemps et de la mort prématurée représentait les kamikazes dans l'imagerie nationale. Animés par la sève de leur jeunesse, ils volaient joyeusement vers l'anéantissement et tombaient comme tombent les pétales de *sakura* au plus fort de leur vigueur. Sur de nombreuses photos montrant ces gamins déterminés à se tuer pour leur patrie, les fleurs roses et magiques ornent de façon stylisée les petits avions dans lesquels ils partaient s'écraser sur l'ennemi.

À vrai dire, dans nos esprits d'enfant, mourir n'était pas aussi dramatique qu'en Occident. Tout le monde au Japon sait qu'après ce petit incident malheureux qu'est la fin de la vie une autre commence aussitôt, par ce miracle que nous appelons la métempsychose. La mort n'est jamais définitive, en somme. Ce n'est qu'une étape, le passage d'une existence à une autre.

Cette croyance, comme tant de coutumes ancestrales, appartient à un monde en voie de disparition, malgré tous les efforts engagés pour maintenir les traditions. Les McDonald's, les immeubles en béton et en verre, les routes engorgées de voitures ont déjà largement remplacé cet univers délicat et cérémonieux fait d'odeurs et de saveurs exquises, conservées avec amour. Je me souviens d'un épisode curieux raconté par le merveilleux écrivain Junichirō Tanizaki. L'histoire se déroule à une époque reculée. Un matin, très tôt, un homme amoureux sort vider un coffret en laque aux motifs rouges et or. À l'intérieur, les excréments et l'urine de sa bien-aimée.

À mi-chemin, l'envie est trop forte : il ouvre la boîte et hume les effluves qui s'en échappent, les yeux mi-clos. Cela n'a rien de désagréable pour lui, contrairement à ce que pourrait nous inspirer le contenu de cette espèce de pot de chambre avec couvercle. Non, c'est un parfum délicat et profond qui monte jusqu'à ses narines, le parfum du corps de cette femme, quelque chose d'infiniment précieux et digne d'être aimé. Tanizaki est l'un des représentants de cette riche et flamboyante littérature japonaise qui m'a toujours touchée en plein cœur. Un auteur attentif aux détails, d'une grande profondeur dans ses analyses psychologiques, doucement attiré par les contradictions les plus éhontées de l'âme humaine. Au lieu de se poser en moraliste et de condamner ses semblables, il les observe avec l'indulgence affectueuse d'un véritable ami des sens, dans leurs incohérences secrètes et tous leurs défauts.

3

« Un jour, écrit mon père, vers la fin du mois d'octobre, à huit heures du matin, on entendit des bruits de pas marqués dans l'entrée de la maison : c'était M. Iwami, directeur adjoint du service des étrangers à la préfecture de Kyoto. Il était accompagné de six ou sept hommes en uniforme qui semblaient bien peu conciliants. »

Iwami et sa petite troupe prirent place dans le salon. « Aimez-vous Brahms ? » demanda le chef avec une affabilité courtoise. Fosco répondit que oui, bien sûr qu'il aimait Brahms. Mais il peinait à masquer son étonnement. Que venaient faire ces individus chez nous ? Et pourquoi cette entrée en matière ? « Et Beethoven ? continua le directeur adjoint, tout aussi impassible. Vous connaissez la *Sixième Symphonie*, je parie ? » Mon père acquiesça sans être plus avancé, il ne voyait pas à quoi rimait cet étalage de culture musicale. Ces gens débarquaient à plusieurs, sanglés dans leurs uniformes rutilants, pour parler de Beethoven et de Brahms ?

Entre-temps, notre nounou était sortie de la cuisine avec un plateau chargé de tasses de thé vert et d'*omochi*. Les policiers les mangèrent jusqu'à la dernière miette.

Le directeur adjoint attendit que chacun de ses hommes en ait terminé, puis, comme l'écrit Fosco, « il quitta son siège, sans brusquerie mais avec raideur, et prononça ces mots d'un ton sévère : "Lève-toi, traître !" » Mon père connaissait bien les hiérarchies linguistiques du japonais, il nota qu'en une fraction de seconde le fonctionnaire de la préfecture était passé du « vous » poli au « *kimi* », cette forme de tutoiement qu'on emploie avec des inférieurs.

« À compter de cet instant, dit-il ensuite à nos deux parents, vous n'êtes plus sous l'autorité de votre ambassade (pour les Japonais, les étrangers sont toujours "subordonnés" à leur ambassade) mais sous celle des autorités impériales, car nous ne reconnaissons pas votre gouvernement. Vous recevrez vos ordres de nous et de personne d'autre. Préparez-vous à partir avec vos enfants et quelques affaires. » Sur ces mots, il se tourna vers ceux qui l'accompagnaient et leur ordonna : « Vous, restez ici et surveillez-les ! Ce sont des ennemis. »

Fosco, prévoyant, rassembla aussitôt les nombreux livres précieux qu'il avait acquis et étudiés au cours de ces six années passées au Japon, ses papiers, des photographies et des documents sur le peuple aïnou, auquel il consacrait ses recherches, puis il fourra le tout dans des caisses en bois. Un ami de l'ambassade de France, Jean-Paul Leclerc, se chargea de les récupérer et de les stocker dans sa cave. La suite est incroyable. C'est mon père qui raconte : « Deux années s'écoulèrent, les villes japonaises finirent noyées sous un tapis de bombes, Hiroshima et Nagasaki furent anéanties par le feu nucléaire, Hirohito fit entendre sa voix – une première dans l'Histoire – pour annoncer la reddition de son empire, MacArthur débarqua en conquérant sur le sol nippon, le monde bascula en Occident et en Orient, mais au mois d'octobre 1945 mes caisses de livres, ma paperasse et mes objets ethnographiques étaient exactement à leur place. Personne n'y avait prêté attention. Il n'y eut plus qu'à louer une camionnette et repartir avec. »

Ce sont donc les seules richesses de notre maison de Kyoto que nous avons pu récupérer. Tout le reste a disparu.

À l'automne 1943, la famille Maraini était devenue un groupe de dangereux félons qui méritaient tous d'être condamnés et punis. Même les enfants ? Même les enfants, avait-on répondu : des filles de traîtres devaient être traitées comme telles. Nous savions qu'on allait nous emmener, mais où ? Et quand ? Pour l'heure, nous étions confinés chez nous. Interdiction absolue de communiquer, il n'était même pas possible d'écrire à nos proches en Italie pour les avertir que nous allions être enfermés quelque part. Ma mère se creusait la tête pour déterminer ce qu'elle était censée mettre dans l'unique valise que nous étions autorisés à emporter pour le moment. Celle de *nonno* Enrico, malgré sa grande taille, peinait à contenir tout ce qui aurait pu nous être utile. Fallait-il prendre des pulls ? Des couvertures ? Des écharpes ? Des draps ? Des livres plutôt que des sous-vêtements ou des victuailles ? Et puis pendant combien de temps resterions-nous prisonniers ? Une fois encore, l'instinct de Topazia a volé à son secours. Aux habits elle a préféré les draps : ils nous serviraient à coudre des chemises pour les gardiens en échange d'un oignon, d'une pomme de terre ou d'une rave, ce *daikon* tant aimé et tant détesté que je trouvais infect mais qu'il fallait bien avaler parce qu'il était bourré de vitamines. Dans les autres bagages – ceux qui étaient censés arriver plus tard, nous avait-on dit –, ma mère a soigneusement entassé des jouets, des livres et des vêtements d'hiver. Ils ne nous ont jamais été remis.

Le *daikon* est un radis blanc, long, piquant. Excellent pour préparer des *tsukemono* mais tout sauf ragoûtant s'il est consommé bouilli ou cru. Je me souviens encore de la fois où nous en avons trouvé un dans le camp : il était tombé d'un camion et avait roulé sous les fils barbelés. Nous l'avons cuit à l'eau et coupé religieusement en cinq parts. J'étais assise devant une petite assiette ébréchée au fond de laquelle le dernier bout de *daikon* se dressait comme une queue de souris. Je devais le manger, je n'avais que ça pour remplir un estomac constamment vide et qui me faisait un mal de chien. Mais cette saveur-là me révulsait. Je me souviens que j'ai pris le morceau entre mes doigts et que je l'ai avalé presque sans mâcher, des larmes de dégoût au coin des yeux.

Puisque cela n'aurait lieu que plus tard, j'en reviens à notre départ de Kyoto pour Nagoya. Par ce doux mois d'octobre 1943, un camion est venu nous chercher. On nous y a fait monter : Fosco, Topazia et nous, les trois fillettes, chacune emmitouflée dans trois maillots de corps, deux chemises, deux pulls et un petit manteau, avec une paire de chaussures légères aux pieds. Nous en avions discrètement fourré une autre dans les poches de nos manteaux, que nous ne pouvions plus fermer à cause des couches d'habits que nous avions dessous. Encore une judicieuse intuition de ma mère, car au camp personne ne nous a jamais procuré de souliers d'hiver. À l'arrivée du froid, nous avons pu mettre des chaussettes épaisses et ces solides souliers que nous avions glissés dans nos poches au lieu des poupées et des cahiers que nous aurions préféré emporter. Nous étions loin de penser que notre famille resterait enfermée pendant deux longues années. Mais Topazia, dite Top, était prévoyante et, surtout, d'une lucidité et d'une efficacité rationnelles. Elle savait toujours quelle attitude adopter dans les moments de danger. Paniquer n'était pas dans sa nature. Elle saisissait immédiatement ce qu'il fallait faire et elle le faisait, au mépris des difficultés et des sacrifices.

Pour donner une idée du sang-froid de ma mère, j'aimerais raconter une anecdote survenue à Cefalù, en Sicile, quelques années après la guerre. Nous nous trouvions sur un bateau avec des amis – un bateau à rames un peu étroit où nous étions obligés de nous serrer. Plusieurs personnes, dont moi, étaient assises sur le rebord, agrippées au garde-corps en bois. La mer était calme et l'eau limpide, profonde, striée de rais de lumière qui la fendaient telles des épées étincelantes. Un passager pas très futé et prêt à se jeter dans les flots pour y chasser des sargues se tenait debout au centre de l'embarcation, son fusil harpon chargé et pointé vers le ciel.

Cet étourdi n'était pas conscient du danger. La preuve : lorsqu'un bateau à moteur est passé près de nous en agitant des vagues pas très grosses mais assez fortes pour nous faire tanguer, l'autre a appuyé sur la gâchette et le projectile a jailli dans les airs. Comme toute flèche de harpon, celle-ci était rattachée à l'arme par un fil. Dès qu'il a été tendu au maximum, la flèche est retombée droit sur moi.

Ma mère m'a dit qu'elle m'avait vue morte, embrochée comme un malheureux poisson. Elle a eu le réflexe de me pousser ; j'ai donc penché la tête sur le côté, et la flèche est venue se ficher en plein dans mon bras. On s'est mis à crier, à s'agiter dans tous les sens. Personne ne savait quoi faire pour m'aider. Le plus déboussolé était le propriétaire du fusil. Mais c'était surtout lui qui ajoutait à la confusion. Sans la moindre hésitation, Topazia a attrapé mon bras pour observer de près le mécanisme de la flèche. Le projectile était muni de petites ailettes rétractables qui empêchaient les poissons de se décrocher. D'un geste fulgurant, elle les a rabattues et a pu retirer le harpon en me déchirant légèrement les chairs au passage ; mais au moins, j'étais libérée de ce satané bout de ferraille.

Le sort a voulu que la flèche n'ait pas transpercé une veine. J'ai la chance de les avoir aussi fuyantes que des anguilles : elles s'éclipsent dès qu'elles flairent le danger. Mais cela peut se retourner contre moi, si je dois faire une prise de sang, par exemple. Chaque fois, les médecins suent à grosses gouttes, ils doivent s'acharner à piquer encore et encore pour dénicher la veine qui s'est habilement cachée.

Je suis restée un mois avec le bras en écharpe. Notre ami, cet imbécile, m'a demandé pardon et m'a promis que l'année de mes dix-huit ans il m'offrirait un bracelet en or qui recouvrirait entièrement la cicatrice. Il ne l'a jamais fait, bien sûr. Vaines promesses… Après cet épisode, ma mère a arrêté de le fréquenter, et ce n'était pas plus mal.

L'ennui, c'est que pour m'éviter d'attraper le tétanos à cause de ce harpon rouillé on m'a fait une piqûre qui a déclenché une crise d'urticaire atroce. Elle a duré près de trois semaines.

Mon corps était couvert de cloques et je devais prendre mon bain dans de l'eau d'avoine. J'avais interdiction de me gratter – ça n'aurait fait qu'irriter ces cloques brûlantes – et je prenais des antihistaminiques qui me faisaient dormir. J'oscillais entre le sommeil et une terrible envie de me gratter. Ma mère m'enduisait les jambes et le dos d'une pommade calmante très efficace mais qui sentait le poisson, une horreur. J'avais été embrochée comme un sargue et c'était une pommade à base d'huile de morue qui était censée me guérir. On se serait cru dans une histoire de maléfice. Et pourtant, personne ne m'avait jeté un sort. Mon désir de vivre était plus fort que la douleur, la gêne, les démangeaisons. La mer était devenue mon amie, j'apprenais à la connaître après des années de campagne japonaise, elle m'apparaissait comme une figure maternelle, accueillante et généreuse.

Je me jetais dans les hautes vagues, je plongeais en apnée au milieu des rochers pour pêcher des oursins, j'aimais me rêver en petit Colapesce, ce héros qui, selon la légende, empêche la Sicile de s'enfoncer dans la mer grâce à son bras puissant. Je savais que je ne pourrais jamais devenir Colapesce, car j'étais une fille. Et les filles ne soutiennent pas les îles bancales : ce sont des êtres tendres et fragiles qu'il faut protéger et surveiller. Mais je faisais de mon mieux pour me muer en créature des mers. Après cet épisode brutal, je n'ai plus jamais voulu me joindre aux parties de chasse sous-marine avec les amis de Topazia. Et voir un poisson au bout d'un harpon suffisait à me broyer le cœur.

Pour en revenir à Kyoto et à notre départ, la famille Maraini ignorait qu'elle quittait sa maison pour toujours. Les meubles, les tapis, les bibelots sont restés dans les pièces vides et nous n'avons jamais su s'ils avaient été volés pour meubler d'autres intérieurs et si certains avaient disparu ailleurs dans un bombardement. Je me souviens d'un petit bouddha en céramique. Assis, les jambes croisées et le ventre rebondi, les yeux souriants et la bouche entrouverte, il semblait plongé dans une extase qui inspirait la sérénité. Qu'aurait-il pensé de la guerre, lui, le saint et sage Bouddha ?

4

Je me souviens encore du vent qui fouettait nos visages tandis que le camion roulait vers le camp de concentration. Qu'adviendrait-il de nous ? Le gouvernement japonais s'était montré courtois, malgré sa froideur. Il avait promis que, conformément aux règles internationales, nous serions logés et nourris dans des conditions spartiates mais sans mauvais traitements, surtout pour des enfants aussi jeunes. Et en effet, sitôt sur place, nous avons vu arriver des fourgons remplis de riz, de légumes, d'œufs et de lait que, non sans raison, nous pensions destinés aux prisonniers. Seulement, nous n'avons pas tardé à découvrir que toutes ces victuailles étaient confisquées par les gardiens : ils les rapportaient chez eux ou les revendaient au marché noir, ne nous laissant qu'un peu de riz pour survivre. Mais dans quel état ?

Le camp de Tempaku se dressait dans la banlieue de Nagoya. C'était en réalité l'ancien vestiaire d'un tennis abandonné depuis belle lurette. À côté, le rectangle lisse et grillagé du terrain présentait de fines traces de sable rouge.

Des fils barbelés entouraient une construction à deux étages constituée de trois pièces où nous étions dix-neuf à nous entasser. Comme elles n'étaient pas équipées pour la nuit, on y dormait très mal, à la merci de la chaleur en été et des rigueurs du froid en hiver. On ne disposait que d'un futon jeté à même le sol, sur un tatami sale et dégarni, avec par-dessus une couverture militaire qui au bout de quelques mois était pleine de puces et de poux.

Bien souvent, nous nous asseyions les uns derrière les autres pour écraser les *shirami*. Ces poux nous couvraient de boutons douloureux qui s'infectaient quand nous les grattions. Mais plus nous maigrissions et dépérissions, plus les parasites se montraient envahissants et téméraires. Je me souviens de certains vers qui me donnaient des démangeaisons au derrière. Et puis je n'arrêtais pas de saigner du nez. À l'origine de ces petites hémorragies il y avait le béribéri, une maladie due au manque de vitamine B. Fatigue extrême, crampes au niveau des jambes, gencives qui saignaient, douleurs articulaires, troubles intestinaux, insomnie, œdème des membres inférieurs, troubles cardiaques, chute de cheveux : ce fléau nous a tous affaiblis. Pour nous tenir chaud et nous consoler de la faim, nous dormions enlacés, telle une famille de singes sur un arbre pelé.

5

Le camp employait quatre gardiens qui se relayaient : deux passaient la journée avec nous et restaient pour la nuit, tandis que les deux autres rentraient chez eux. Le lendemain, quand ceux qui s'étaient reposés reprenaient du service, leurs collègues retrouvaient leur famille. Le plus fanatique était aussi le plus élégant et le plus cultivé, il parlait anglais et un peu italien. Il se présentait toujours tiré à quatre épingles, en veste cintrée et bottes cirées. Son sadisme sophistiqué lui valait une haine sans bornes parmi les prisonniers. Il s'appelait Kasuya, mais on le surnommait Valentino à cause de sa ressemblance avec le bel acteur qui faisait craquer toutes les filles.

Lorsqu'il était de garde, Valentino faisait équipe avec Nishimura, dit Crétinus parce qu'il n'avait pas l'air très éveillé, mais c'était le plus compréhensif du lot. Plus d'une fois, il est venu nous voir, mes sœurs et moi, pour nous offrir un œuf qu'il gardait au fond de sa poche, à l'insu de Valentino. Il lui est même arrivé de nous caresser la tête. Et tout bas, vraiment tout bas, il prononçait une phrase qui lui aurait certainement attiré le mépris de ses collègues : « Pauvres petites ! » murmurait-il. Très vite, on l'a démasqué et relevé en partie de ses fonctions. Il est resté en place mais ne pouvait plus approcher les prisonniers.

L'autre duo se composait d'Aoto et Fujita. Le premier était simplement surnommé le Salopard. Et pour cause : il était sournois et malveillant, heureux de nous voir en piteux état, affamés et malades. Il passait son temps à brailler, et surtout il ne supportait pas les enfants. D'après lui, nous nous agitions trop et ça l'agaçait de nous entendre répéter inlassablement : « J'ai faim, maman ! J'ai faim ! » Il avait un drôle de caractère ; il possédait comme une double nature qui le rendait imprévisible, tantôt colérique et vindicatif, tantôt distrait et songeur. On ne pouvait jamais deviner si on aurait affaire au militaire impavide ou à l'homme débordant d'énergie, impitoyable et sadique qui se réjouissait de voir souffrir les autres.

Fujita, son comparse, « était jeune, féroce, idiot et présomptueux, écrit Fosco. De tous, c'était le plus outrancièrement militariste. On le voyait aller et venir le torse bombé, il maniait son bâton telle une épée de samouraï en poussant des hurlements à faire frémir. » Il voulait jouer les durs et parlait à tout bout de champ de la Grande Puissance, du Grand Japon, de la Sublime Majesté, du Divin Empereur. On l'avait baptisé Radetzky[3]. Et mon père de conclure : « Malgré tout, c'était le moins dangereux de la bande, pour la simple et bonne raison qu'au fond c'était le plus bête. »

3. En référence au feld-maréchal autrichien Joseph Radetzki, qui avait réprimé la révolution de 1848 dans l'Italie du Nord. *(N.d.É.)*

Isolés comme nous l'étions, nous ne savions rien de ce qui se passait dans le monde. Fosco compare notre situation à celle d'un groupe de personnes piégées au fond d'une mine par un éboulement. Il était interdit de faire trop de bruit, de dormir dans la journée et de se coucher après neuf heures. Les internés se défoulaient en conversant – non, en débattant. Lorsque je m'arrachais au sortilège mortel dans lequel j'étais plongée, il m'arrivait d'écouter les adultes discuter avec animation de stratégie militaire, de politique, de philosophie, de religion.

J'observais ma mère quand elle écoutait ces échanges interminables sans interrompre ses travaux d'aiguille, enfermée dans un silence empreint de sagesse. De temps en temps, elle intervenait pour calmer les esprits ou exprimer son opinion. Dans mon cœur, je lui donnais raison. Au milieu de tous ces fous obsédés par la nourriture, elle me semblait être particulièrement calme et déterminée.

La faim et l'état de faiblesse avaient transformé les prisonniers en zombies insomniaques. La nuit, nous étions saisis par le besoin impérieux d'aller aux toilettes, car le béribéri, appelé *kake* en japonais, faisait uriner sans arrêt. J'entendais parfois Fosco se lever, murmurer quelque chose à Topazia puis prendre la direction des seuls cabinets du camp. D'autres hommes s'y rendaient cinq ou six fois.

Pour y parvenir, il fallait se traîner à l'autre bout d'un long couloir mal éclairé où les pas résonnaient avec un bruit sinistre. Ce trajet glacial ne plaisait à personne, mais on n'avait pas le choix. Seule ma mère, qui avait les jambes gonflées et à moitié paralysées, avait droit à un pot de chambre, lequel servait par ailleurs à cacher les menus larcins commis dans la réserve des gardes. Les hommes, eux, devaient se lever et gagner les toilettes en traînant les pieds ; cela valait aussi pour mes sœurs et moi. Kasuya veillait à ce que nous respections les règles. Et plus elles étaient vexatoires et inutiles, plus il tenait à ce qu'elles soient respectées.

« Nous essayions de faire l'aller-retour en nous réveillant le moins possible, écrit mon père. Il nous fallait garder notre précieux demi-sommeil à l'abri sous nos paupières et éviter tout mouvement brusque, car – Dieu nous en garde ! – cela nous aurait réveillé pour de bon. Nos compagnons d'infortune passaient tels des spectres, sans échanger un mot, drapés dans une couverture, une écharpe, ou la tête enveloppée d'un passe-montagne. Le lendemain, les plus malchanceux étaient fatigués, à bout, brisés en mille morceaux. »

Après ces promenades nocturnes, il aurait été juste et logique de profiter de la matinée pour prendre un peu de repos. Seulement voilà : il était strictement interdit de rester sur les futons après six heures du matin, été comme hiver. Sauf à avoir au moins trente-huit de fièvre. En Italie, aucun gardien n'aurait été assez méfiant et tatillon pour s'assurer qu'à six heures tapantes tous les détenus étaient réveillés, lavés et habillés, prêts à boire le sempiternel thé clairet avant de sortir dans la cour pour y tourner en rond comme des ours en cage. Mais Kasuya était des plus scrupuleux. Jamais il ne perdait son calme, jamais il ne relâchait son attention, l'œil aux aguets en toutes circonstances. Le règlement devait être suivi à la lettre, pas de discussion.

Cc fanatisme laissait deviner une adhésion réelle et passionnée à l'idéologie confucéenne du devoir et de la fidélité

– cette même idéologie perverse qui conduisait des SS à appliquer les règles décidées en haut lieu les yeux fermés, aveugles à la douleur, aux peines, au calvaire de leurs ennemis présumés. Néanmoins, comme le faisait remarquer ma mère à mi-voix, Kasuya ne s'offusquait guère du détournement systématique des denrées qui nous étaient destinées. Au contraire, il croyait sans doute infliger une juste punition à ces traîtres d'Italiens.

Ce que nous récupérions était volé sur ce qui nous avait été volé. Comme je l'ai expliqué plus haut, la nourriture que les autorités japonaises envoyaient au camp était aussitôt confisquée et subtilisée par nos gardiens. Ils ne le faisaient pas uniquement pour s'enrichir à nos dépens : on leur avait dit que nous étions des traîtres et que nous ne méritions qu'un mépris dépourvu de toute pitié. Mais comme ils ne pouvaient pas emporter quotidiennement tout leur butin, ils se servaient d'un réduit que les détenus appelaient la « chapelle » : c'est là qu'étaient entassés les sacs de riz, les œufs, le lait, les fruits censés nous revenir.

Ma mère rapporte que Fosco avait développé un certain talent pour fouiller dans les ordures des geôliers. Tantôt il en sortait un journal chiffonné qu'il dépliait pour lire les nouvelles ; tantôt il dénichait un trognon de pomme, des épluchures de mandarine ou une queue de poisson. Une fois, raconte encore Topazia, il a récupéré toute une peau de poulet rôti accrochée à des os, très appétissante malgré les cheveux qui la recouvraient. Il l'a mangée quand même, il était trop épuisé par la faim.

Bien des années après, je suis retournée à Nagoya pour retrouver la trace du camp où nous étions restés enfermés deux années durant. Mon père et moi avions été invités par une chaîne de télévision japonaise qui souhaitait révéler aux nouvelles générations les monstruosités d'une guerre injuste.

Seulement, rien n'était plus pareil en cette ville qui avait poussé dans tous les sens ; nous étions incapables d'identifier notre ancienne prison. Personne ne savait qu'il avait existé là un centre de détention pour Italiens antifascistes.

Muja, la fille d'une de mes sœurs, a tourné un magnifique documentaire sur notre histoire. Elle y part à la recherche du Japon à l'époque du camp. Ryūichi Sakamoto a eu la gentillesse d'en écrire les musiques d'accompagnement sans rien demander en échange. Il existe un Japon délicat et sensible, attentionné et généreux, que le militarisme aveugle et muet des années 1940 a muselé.

Fosco et moi avons fini par retrouver le site de Tempaku en nous remémorant l'existence du terrain de tennis. Par chance, il était encore là, mais le baraquement où nous avions habité avait été démoli. À la place, des immeubles en béton de plusieurs dizaines de mètres de haut étaient sortis de terre. Bizarre : nos souvenirs ne collaient pas avec ces nouvelles dimensions, ces nouvelles odeurs, ces nouveaux espaces, ces nouveaux décors. Tout avait été bouleversé, métamorphosé. Seul le petit rectangle de terre battue rougeâtre prouvait qu'il y avait eu un tennis à cet endroit. Il était désormais à l'abandon, menacé par les herbes folles et les troncs d'arbres abattus par le vent.

Je me suis assise sur l'un de ces troncs et j'ai fermé les yeux pour me souvenir. Du temps où j'étais prisonnière, le terrain nous était interdit d'accès. Nous devions nous contenter du baraquement et de sa courette intérieure. Nos journées, nos nuits se déroulaient dans ce minuscule espace, entre les futons sur lesquels nous dormions à l'étage et les bancs sur lesquels nous pouvions nous asseoir dehors, à condition de ne pas nous adosser aux murs.

Curieuse, cette interdiction absurde et cruelle faite à des gens qui ne tenaient pas debout, tant leur épuisement était grand. Quel était son but ? Miner notre patience, tout simplement, afin de nous rendre toujours plus désespérés, tristes et résignés ? Pour ceux qui n'avaient plus que la peau sur les os, pour ceux qui avaient contracté le béribéri et le scorbut, synonymes d'affaiblissement et d'hémorragies incessantes, s'appuyer contre un mur était une nécessité vitale. Kasuya ne se servait pas de son bâton, contrairement aux autres, mais savait se faire obéir d'une autre façon : perfidement, il rognait sur nos rations de riz dès qu'il estimait devoir nous punir pour un manquement quelconque.

La courette était mon univers. Je jouais avec les cailloux en me figurant que c'était de la nourriture. Une pierre allongée était un petit poisson d'eau douce à la bonne odeur de grillé. Par la pensée, j'en savourais une bouchée, elle avait un goût d'algue. Ç'aurait tout aussi bien pu être une miche de pain, mais cet aliment m'était presque inconnu : j'étais arrivée au Japon à l'âge de deux ans. Pour moi, les repas du midi et du soir se composaient de riz blanc agrémenté de poisson cru, de poisson mariné, d'algues séchées ou, à défaut de poisson, de *tsukemono* pour lesquels chaque famille a ses propres secrets de fabrication.

Ma mère me parlait du pain encore chaud et de son arôme unique au monde, de blé légèrement torréfié, de pré couvert de rosée, de fleur à peine éclose. « Un parfum de roi », disait-elle. Alors je reniflais le caillou pour l'imaginer, les yeux fermés. « Tu sens l'odeur qui s'échappe de la croûte tout juste sortie du four ? » Ce n'était pas une réussite. J'avais beau inspirer à fond, cette pierre restait une pierre. Il m'était plus facile de voir dans un caillou rond un bol rempli de riz qu'on attrapait avec les *hashi*, les baguettes. C'était tellement bon que je le vidais en deux temps, trois mouvements. Mais ensuite j'étais toujours aussi affamée.

Des années après, j'ai lu qu'à l'approche de la mort Démocrite s'était accroché à la vie en humant du pain d'orge tout juste sorti du four, pour ne pas perturber les noces de sa sœur. L'histoire m'a émue. Démocrite est devenu un ami.

Au camp, rien n'était prévu pour nourrir les enfants. Chaque interné était obligé de nous offrir une demi-cuillère de sa ration d'un *gō* (cent trente grammes de riz sec). Topazia écrit que nos compagnons d'infortune avaient fini par nous regarder d'un œil haineux dès qu'ils devaient soustraire ces quelques grains de *gohan* à leur portion déjà très maigre. Fosco avait proposé que ce soient notre mère et lui qui nous cèdent une partie de ce qui leur revenait, mais les règles étaient les règles, inutile de discuter : il n'y aurait aucune ration pour mes sœurs et moi, si infime fût-elle, et chacun des détenus devrait continuer de nous donner la demi-cuillérée de rigueur.

Les bols de riz étaient tout sauf remplis et en retrancher ne fût-ce que quelques grammes devenait un sacrifice insupportable. Lorsque les crampes d'estomac étaient vraiment trop pénibles, je mangeais des fourmis. J'en trouvais le long des bords de la courette. Mon père me criait : « Arrête, c'est du poison ! Elles sont pleines d'acide formique. » Seulement voilà : j'avais trop faim. Alors je les écrasais avec les doigts pour les fourrer dans ma bouche et les avaler sans mâcher. Mais quand j'ai fini par m'intoxiquer, j'ai cessé d'en manger.

6

Nous étions dix-neuf détenus jusqu'à ce qu'on emmène le professeur de linguistique ; alors nous n'avons plus été que dix-huit. Il y avait trois personnes âgées, dont un enseignant juif très cultivé et d'une grande gentillesse, interné en raison de sa religion, ainsi qu'un diplomate à la retraite qui avait une bonne connaissance du japonais et de la situation politique du pays. Un type pas très futé, commerçant à Yokohama, se querellait toujours avec lui : leurs visions du monde étaient trop conflictuelles. Il y avait aussi un missionnaire piémontais, fin connaisseur de l'histoire du Japon et de ses religions.

Venaient ensuite les jeunes, habiles et toujours prêts à toutes les audaces pour se procurer de quoi manger. C'étaient à eux de nettoyer les chambres où nous dormions, de faire la cuisine et de s'acquitter des menus travaux « indispensables, selon Fosco, dans une construction vétuste qui accueillait tant de monde ». Parmi les sept jeunes hommes figuraient mon père, vigoureux trentenaire malgré les effets anémiants du jeûne, mais aussi un ingénieur milanais, un représentant de Fiat à Tokyo, un paysan du Frioul, un ancien étudiant romain et deux intellectuels raffinés, Bino et Bencivenni, très liés à Fosco. L'un était historien, l'autre prêtre, et fasciné par le bouddhisme.

Les premiers temps, tous les prisonniers étaient amis et solidaires. Et puis, avec les privations et les maladies dues au froid ou à la dénutrition, ce fut le début des disputes, des reproches, des conflits. Mais on ne dépassait jamais les bornes d'un échange civilisé. « Le groupe était pour ainsi dire constitué d'Européens cultivés du XXe siècle, capables de se chamailler pour des questions de politique, d'histoire, de religion ou d'esthétique, mais aussi de faire bloc pour affronter un monde hostile, non sans dignité, bien décidés à surmonter les obstacles en s'en remettant à la raison », écrit Fosco.

Les fêtes de Noël et de fin d'année 1943 approchaient. Mon père et ma mère tenaient vraiment à ce que leurs enfants vivent quelques jours de joie. Topazia a donc confectionné des poupées avec des chutes de tissu et réalisé de petits théâtres en carton. Plusieurs colis ont été envoyés par nos amis japonais, mais les policiers ont refusé de nous les remettre. Certains contenaient des gâteaux qu'ils ont préféré laisser moisir en les enfermant de longs mois dans la « chapelle », à seule fin d'en priver ces filles de traîtres qu'il fallait traiter en traîtres, comme ils le répétaient.

Contrairement aux autres détenus, Weilschott, le professeur juif, se montrait plein de douceur et d'affection envers mes sœurs et moi. Pour l'occasion, il a sorti de sa cachette secrète un bocal de pêches au sirop qu'il a versées dans une assiette. Il les conservait depuis des mois. Je m'en souviens comme du présent le plus précieux, le plus touchant de ce lointain Noël. Des pêches au sirop sucrées et juteuses pour un palais désormais sec et habitué à du riz bouilli, du thé amer et rien d'autre, c'était presque un miracle.

Ma mère a écrit dans son journal : « Noël 1943. Avons eu l'autorisation de décorer le cerisier de la cour. Joie des filles. Interdiction d'acheter des cadeaux. Pourquoi ? Amertume. Permission de chanter le 24 au soir : *Venite adoremus* et *Shizuke-ki – Stille Nacht* en japonais. Le chimiste de la bande a préparé une excellente crème. » Il n'y avait que quatre œufs pour dix-neuf personnes, accordés à titre exceptionnel en ce jour de fête. Pourtant, même préparée avec ces quatre misérables œufs, un peu de farine de riz, quelques cuillères à café de sucre et du lait coupé d'eau, cette crème nous a paru délicieuse.

Je me souviens avec émotion des chants qui ont résonné dans la nuit de ce Noël de guerre. Les voix n'avaient rien de claironnant, la faim les avait affaiblies. Malgré tout, chanter nous a réunis de nouveau. Cela nous a donné le sentiment de former un seul et même corps qu'il fallait garder soudé et solidaire si l'on voulait survivre. C'étaient des chants que nous connaissions par cœur, chacun les avait entendus en famille lors des Noëls de son enfance, moments de paix et de bien-être. Là, dans cette cour glaciale, debout devant un maigre cerisier couvert de feuilles mortes, les branches décorées de nœuds rouges et verts que ma mère avait dégotés dans je ne sais quel fond de valise, nous nous sentions pour une fois émus et heureux.

Pour le 31 décembre 1944, qui laissait derrière lui des mois de souffrances, il y eut également une distribution d'œufs : quatre, là encore, de quoi préparer un dessert à partager en dix-huit portions. Nous fêtions l'entrée dans une année 1945 que nous espérions meilleure que la précédente. De nouveau, le « chimiste » a confectionné une crème maigre et liquide, mais qui nous a semblé exquise. « Aucun traitement spécial », a noté ma mère dans son carnet, qui a tenu bon tant qu'a vécu son petit bout de crayon. (Et puis le crayon est mort, et c'en fut terminé du journal. La patience et l'envie d'écrire sont mortes avec lui pendant le dur hiver 1945, quand l'espoir n'a plus été qu'une lueur, la moindre ressource physique ayant été consumée. On attendait la mort comme une libération.)

Ayant attrapé les oreillons, j'avais le visage gonflé et une douleur lancinante dans les oreilles. Ma mère avait réclamé un médecin, qui n'est jamais venu. Les médicaments qu'il a envoyés m'ont néanmoins soulagée. Il m'a fallu du temps pour guérir. Topazia se disait sereine, mais d'une sérénité empreinte de résignation et d'une indifférence mortelle. « Toute la vie semble suspendue, dans l'attente, a-t-elle écrit alors. Mais de quoi ? Qu'est-ce qui nous attend ? Et d'ici combien de temps ? »

Le matin, quand on nous comptait dans la cour, le garde qui était de service nous disait avec un sourire satisfait que, sitôt la guerre gagnée par les Japonais, on nous trancherait la gorge. À qui ? demandais-je. À tout le monde, répondait-il. À nous aussi, les enfants ? Je n'osais pas insister. Je savais qu'il répondrait oui, vu son regard mauvais et vindicatif. Peut-être était-il nerveux parce que lui et ses collègues venaient d'apprendre une grave défaite de l'armée nippone, pourtant réputée invincible. Voilà pourquoi, à mon avis, ils en rajoutaient dans la méchanceté. Mais cela, nous ne l'avons découvert qu'après.

Fosco, qui avait parfois beaucoup d'humour, disait que nous étions devenus des « experts ès ventre vide ». Pour les détenus, la faim n'était jusque-là qu'une expérience littéraire, ils ne l'avaient vécue qu'à travers l'œuvre de Dante (avec Ugolin dévorant ses propres enfants au sommet de sa tour) ou les récits d'expéditions polaires (celles de Franklin, de Barents). « Personne n'aurait pensé devenir un spécialiste de la faim, rapporte mon père, une véritable sommité de cette province glaciale du savoir, un connaisseur des innombrables sensations qu'elle est capable de provoquer, un jongleur en équilibre permanent sur les fils de ses blanches tortures. »

Après avoir avalé cette bouillie de riz qu'on cuisait très longtemps pour le faire gonfler, on finissait par glisser dans une sorte de torpeur satisfaite. Mais au bout d'une demi-heure, la faim recommençait déjà à se faire sentir, accompagnée de douleurs et surtout d'une faiblesse extrême. Alors, raconte Topazia, certains échappaient au regard perçant de Kasuya pour s'allonger quelques minutes par terre – ce qui était rigoureusement interdit – et reprendre ainsi leur respiration, coupée par le manque d'oxygène dans le sang. D'autres se pinçaient le poignet avec deux doigts pour mesurer leur pouls puis donnaient le résultat tout haut : ça pouvait descendre à cinquante pulsations par minute, voire quarante-cinq. « C'était la vie qui s'éteignait sans bruit, comme une lumière qui faiblit au cœur d'une lande déserte. »

Au fur et à mesure que le froid gagnait en intensité, le nombre de passages aux toilettes augmentait. Mes sœurs et moi étions également victimes d'incontinence. Ma mère prenait dans ses bras Toni, la plus petite, Yuki et moi la suivions, et c'est ensemble que nous nous soulagions dans ces latrines glaciales. À force de nous réveiller sans cesse à cause des crampes d'estomac, nous étions de plus en plus faibles et fatiguées. Même jouer devenait pénible. Nous avons fini par passer des journées entières assises sur les bancs de la cour en essayant de nous protéger du froid, enroulées dans une couverture. Le seul endroit du camp où il faisait chaud était la cuisine, quand on allumait le feu ; mais naturellement, Kasuya avait intimé à tous ceux qui n'avaient rien à y faire de ne pas traîner là-bas. Nous n'avions donc que la cour où, malgré les mises en garde paternelles et l'intoxication que j'avais subie, je m'étais remise à manger des fourmis. Car la chambre était tellement froide et infestée de puces qu'il valait mieux rester dehors – quand il ne pleuvait pas, du moins.

7

Pour éviter d'employer le mot « policier », que nos geôliers comprenaient, ma mère s'est mise à les appeler les « chérubins ». L'idée a plu et tout le camp a commencé à les désigner ainsi. Où sont les chérubins, en ce moment ? Quel chérubin aurons-nous aujourd'hui ? Profite que le chérubin ait le dos tourné pour te caler contre la paroi.

Comme je l'ai dit, ces chérubins interdisaient aux prisonniers de s'adosser au mur lorsqu'ils s'asseyaient dans la cour, sur le banc collé contre le bâtiment. Sitôt que nous transgressions la règle, ils nous fonçaient dessus en faisant un boucan de tous les diables, leur bâton prêt à s'abattre sur ceux qui avaient désobéi. Mais la pire des punitions, silencieuse autant que terrible, était la diminution de la ration de riz. « Le soir, écrit mon père, deux détenus allaient voir les policiers enfermés dans leur guérite pour récupérer le *bun*, la quantité de riz qu'on nous accordait quotidiennement. C'était devenu le moment suprême et sacré de la journée. Les internés se trouvaient désormais dans un état où un *go* de plus suffisait à les faire sauter de joie comme des enfants et où un *go* de moins les plongeait dans des abîmes de détresse. »

« Le groupe était assis dans un silence angoissé à l'intérieur de la petite pièce qu'on appelait la "salle à manger", poursuit Fosco. Rien qu'au bruit des pas de ceux qui revenaient, on savait à quoi s'en tenir. L'un de nos compagnons arrivait parfois ventre à terre et lançait : "Les amis, nous avons deux œufs !" Pour quelque vingt personnes, naturellement. Ou bien : "Eh, nous avons vingt *gō* !" Mais dans la majorité des cas, on entendait le pas traînant des "cuisiniers" qui s'en retournaient, exsangues ; ils ouvraient alors la porte, posaient la boîte contenant le *bun* sur la table et annonçaient tout bas : "Dix-huit *gō* seulement." C'était comme avoir autour du cou deux mains qui serrent de plus en plus fort, mais très lentement. Jusqu'à ce qu'on ne parvienne plus à respirer. »

Certains avaient essayé de protester, mais ça n'avait fait qu'aggraver les choses. Le nombre de *gō* avait diminué, et au désespoir se mêlait désormais une rage qui ne trouvait aucun exutoire. Ma mère notait dans son journal : « Je suis à bout de forces. J'ai des taches devant les yeux, des douleurs et des crampes, je perds tous mes cheveux. » Et d'ajouter : « Je me souviens des toutes premières semaines de cette détention, quand nous étions encore nous-mêmes, des discussions après les repas, des lectures de poèmes dans la cuisine, des débats philosophiques, louche à la main. Maintenant, il y a comme une chape grise qui étouffe tout le monde mentalement et physiquement. »

Quelque chose changeait chez les reclus. La parole était devenue inutile, trop fatigante, superflue. « Nous errions çà et là, pareils à des bêtes affolées, écrit Fosco, tentant des expériences absurdes avec l'écorce des arbres, avec les rares escargots qu'on dénichait, avec de l'herbe, et même avec de la terre. (Certains se souvenaient d'avoir lu qu'en période de famine les paysans chinois en mangeaient pour avoir la sensation de se remplir l'estomac.) Nous pensions que nous allions mourir enfermés ici. »

Je le pensais moi aussi dans mes réflexions d'enfant. Alors, chaque soir, je me préparais à mourir. Je m'y étais presque habituée. Je me figurais un sommeil dont on ne se réveille pas ; mais au moins, je dormirais tranquille et sans ces crampes qui m'empêchaient de fermer l'œil sur mon futon posé par terre. Même si je n'avais encore jamais vu de cadavre, je m'imaginais immobile et sereine. Une fois morte, je serais jugée par un petit tribunal divin et l'on me ferait renaître sous l'apparence d'un chiot, ou bien en singe, en cheval, voire en poisson au fond de la mer.

Étant une enfant qui n'avait pu vivre longtemps et donc commettre des fautes graves, je ne savais pas exactement si la grande déesse Amaterasu m'autoriserait à être un humain ou un animal, le sort promis à ceux qui ne s'étaient pas comportés selon les règles. Mais ces règles que j'étais censée suivre, quelles étaient-elles ? Celles d'un Bouddha prêchant la sérénité et une paix détachée du monde ou bien celles de Confucius, qui faisait passer l'obéissance et la discipline avant tout le reste ? Je m'étais pleinement identifiée au credo japonais de la métempsychose : j'étais convaincue qu'une fois morte je revivrais aussitôt sous une forme différente, plus ou moins dégradée suivant mes actions sur cette terre. Mais mon existence avait été si courte ! Comment aurait-on pu me juger ?

Peut-être me laisserait-on naître à nouveau en tant qu'enfant. Je serais d'abord un bébé, les yeux ouverts en grand sur le monde, apeurée par le froid qui m'accueillerait hors du ventre de ma mère, rempli de liquide chaud, puis une fillette au caractère affirmé et à l'imagination débordant de rêves fertiles. Mais avant cela, pourrais-je rencontrer la déesse Amaterasu, vêtue de ses magnifiques kimonos aux couleurs d'un lac de montagne dans lequel se reflètent les étoiles ? Ou bien ces dragons nocturnes à la langue de feu et aux yeux pareils à des griffes ?

Notre nounou, Miki Uryū Morioka, nous racontait toutes sortes d'histoires. C'était un moyen d'entrer dans ce labyrinthe terrifiant et joyeux que les fables nippones proposaient aux enfants, toujours à mi-chemin entre des visions fantastiques et une réalité analysée avec une lucidité chirurgicale.

Pas à pas, je laisse ma mémoire recomposer ces contes que Miki nous répétait pour nous faire apprendre le japonais, nous effrayer ou nous remplir de joie. Dans toutes ou presque, il était question de mort et de transformations inattendues.

Des années après, quand j'ai lu Ovide, plusieurs analogies curieuses m'ont frappée. Ce récit dans lequel le fils du dieu Izanagi tue sa mère, Izanami, par exemple. Le père, furieux, se rend au royaume des morts, où tout n'est que ténèbres, pour la ramener à la vie. Malgré l'obscurité, il la retrouve, l'appelle et demande à ce qu'elle le suive. Elle s'exécute, mais, au moment d'atteindre la lumière, lui se tourne vers son épouse et découvre un squelette à la place. Alors il s'enfuit, terrifié, poursuivi par une foule de défunts.

Cette histoire ne rappelle-t-elle pas celle d'Orphée descendant aux enfers pour rejoindre son Eurydice et repartir avec elle ? On lui recommande de ne pas regarder derrière lui tant qu'il n'aura pas regagné la lumière. Hélas, il se retourne et perd sa bien-aimée à tout jamais. Dans le mythe grec, il n'y a ni squelette ni course-poursuite avec une foule de cadavres – assez macabre, je dois dire. Les deux fables renferment néanmoins l'idée que l'amour peut dépasser les limites de la vie, avant de s'arrêter aux marges du possible. Il peut déchirer les ténèbres de la mort, mais pas rendre leur souffle à ceux qui l'ont perdu.

Et que dire de ces chats qui se transforment en humains et de ces humains qui se transforment en renards ou en arbres ? S'il n'existe à mon sens aucune passerelle entre le monde grec et le monde japonais, ils ont sans conteste une chose en commun : une cosmogonie peuplée de divinités des deux sexes et entourée de feux follets, de monstres, de dragons, de créatures mystérieuses et d'une grande douceur. Ainsi ces renards amoureux qui s'installent sur le rebord des puits pour regarder la lune. C'est l'une des icônes du Japon.

La légende originelle est plutôt sombre : la femme qui avec la pleine lune se change en renard est méchante. Elle ensorcelle les jeunes hommes puis les dévore, ne laissant d'eux que des morceaux de squelette. De quelle peur ancestrale du féminin peut bien venir ce récit ?

En Europe, la femme-renard est devenue une héroïne de roman chez l'écrivain anglais David Garnett. Dans son livre, publié en 1922, un homme assiste impuissant à la transformation de son épouse en une bête tout à fait adorable et pleine d'amour, mais inquiétante. J'ignore s'il s'agit d'une métaphore misogyne ou pas. Toujours est-il que Garnett regarde cette mutation avec tendresse.

8

Un matin, en voyant les gardiens dresser soigneusement la table, nous avons aussitôt compris que quelque chose d'important se préparait. Sont alors arrivés des bols remplis de riz, des poissons d'eau douce au soja, une omelette aux bords épais garnis de tranches de daïkon, des mandarines et des poires, et même un peu de saké. Que se passait-il ? Nos geôliers ne nous ont rien dit, si ce n'est de manger en silence et sans lever les yeux, même si quelqu'un entrait dans la pièce.

La première fois, ce fut lors de la visite du colonel Principini, représentant de la république de Salò au Japon. Le seul point positif fut ce déjeuner copieux ; pour le reste, les interdictions imposées étaient à la hauteur de l'événement. Seule langue autorisée : le japonais. Aucun regard, aucun signe, aucun échange muet. Défense d'entrer en contact avec toute personne extérieure. Et puis à quoi bon essayer si l'homme ne voulait pas voir ? De fait, il n'a pas vu notre état, assez éloquent pourtant.

La deuxième visite, que mon père qualifie de « farce », fut celle de la Croix-Rouge, le 10 mars 1944. Ce jour-là, le *bun* fut doublé et accompagné de huit œufs. Cela peut sembler ridicule, quand on pense que ces quelques œufs étaient censés nourrir dix-huit prisonniers, mais pour nous qui avions l'habitude de nous contenter de deux c'était déjà ça de gagné. Il y eut aussitôt débat : pour certains, ces largesses annonçaient une libération prochaine ; pour d'autres, un transfert.

Soudain, voilà Kasuya, « tout sourire de serpent », écrit Fosco. Sur le pas de la porte, il nous conseille – mais c'est clairement un ordre – de ne pas ouvrir la bouche et de manger en silence. Il nous faut attendre les visiteurs pour nous mettre à table, être bien lavés et peignés, couvrir notre maigreur, sourire et dire merci.

Je me souviens encore des bols remplis de riz fumant et de l'omelette préparée avec les huit œufs, des petits pois et des pommes de terre en abondance. Du jamais vu, un vrai plaisir pour les yeux. Mais Kasuya ne donnait pas le signal. Mes mains cherchaient les *hashi* pour attraper ce riz parfumé, c'était plus fort que moi. Seul le regard sévère de ma mère me retenait. Nous devions obéir, sans quoi nous allions le payer cher.

Finalement, la porte s'ouvrit et l'on vit entrer un monsieur à la mise raffinée, le sourire aux lèvres. Fosco rapporte : « L'apparition fut si fulgurante [...] que les pauvres hères de Tempaku n'eurent pas le temps de se ressaisir et de crier à ce gentleman compassé, en anglais, en allemand, dans n'importe quelle langue, qu'il ne devait pas croire à cette comédie immonde et cruelle, que depuis le début de notre détention on n'avait jamais vu un tel repas, un repas-théâtre, que le régime habituel était surtout de crever de faim. Avec une élégante chorégraphie tout en courbettes et en sourires, Kasuya éloigna l'invité, qui jeta un bref regard alentour puis nous salua tout haut. Après seulement, on apprit qu'il s'agissait d'un émissaire de la Croix-Rouge. Le hasard avait voulu que ce monsieur suisse et distingué porte un nom parfaitement adapté à son caractère : il s'appelait Angst, c'est-à-dire "angoisse" en allemand. Il paraît qu'une fois rentré à Tokyo il a répété partout : "Oh, mais les Italiens dissidents de Tempaku vont très bien ! Ils ne manquent de rien !" »

La troisième visite fut celle de Mgr Paolo Marella, délégué apostolique au Japon. C'était un homme souriant, et même désireux d'écouter ce qu'avaient à dire les détenus. De fait, ils protestèrent contre leurs conditions de vie, malgré les interdictions de Kasuya. Mgr Marella transmit visiblement nos doléances en haut lieu. Mais c'est en haut lieu qu'on refusa d'écouter : « Pendant une courte période, nous avons eu droit à quelques *gō* de riz supplémentaires, poursuit Fosco. Et puis le temps lugubre des privations, des cris et des rodomontades menaçantes n'a pas tardé à revenir. » En avril 1944, déjà, Topazia écrivait dans son journal : « Tout le monde est très abattu, on est passé d'un grand espoir à un grand pessimisme. La certitude que nous sortirions en mars a cédé la place à celle que nous resterions ici des années et des années. »

Ma mère, la seule femme du camp, tentait de réconcilier les internés, qui lui faisaient l'effet d'enfants capricieux tout prêts à se chamailler pour des broutilles. Nous ne savions rien du cours que prenait la guerre mondiale. Les rares informations dont nous disposions venaient de la lecture clandestine des journaux jetés à la poubelle par nos geôliers puis récupérés, dépliés, nettoyés et remis religieusement à ceux des prisonniers qui maîtrisaient le mieux la langue écrite.

Hélas, c'étaient des journaux contrôlés par le pouvoir. Quand ils ne restaient pas dans le flou, ils exaltaient les rares succès militaires d'un conflit qui tournait très mal pour l'axe Japon-Allemagne-république de Salò. Les gardes refusaient de parler. Aux questions qu'on leur posait, ils répondaient par le silence ou, au mieux, par un petit sourire supérieur, l'air de dire : « Mais que veulent ces quasi-fantômes ? Notre grande patrie vaincra et nous aurons enfin ordre de tous vous fusiller. »

9

Chaque fois que nous demandions une couverture supplémentaire ou un insecticide contre les parasites, les policiers répondaient que nous étions des traîtres qui méritaient la mort. C'est bien par générosité qu'ils nous laissaient le droit de vivre. Car ailleurs…

Ailleurs, où ça ? Nous ne comprenions pas, nous pensions à une obscure menace jetée en l'air. Les gardiens japonais étaient-ils vraiment au courant qu'Hitler avait pour projet de massacrer un peuple entier ? Aucun de nous ne pouvait soupçonner qu'au cours de ces mêmes années des gens étaient exécutés dès leur arrivée dans un lieu de détention. Après la guerre, nous avons découvert l'existence des innombrables camps polonais où les SS enfermaient ceux qu'ils estimaient appartenir à des races inférieures, en plus des dissidents et des résistants. C'était donc la vérité, mais comment se peut-il – je me le demandais et je me le demande encore – que des innocents aient été raflés aux quatre coins de l'Europe, poussés dans des trains de marchandises, sans eau ni nourriture, et conduits dans des camps où ils étaient systématiquement tués, au seul motif qu'ils étaient juifs ?

Nous avons appris avec effroi qu'à peine descendus du train les déportés étaient comptés et photographiés, puis qu'enfants et vieillards étaient aussitôt envoyés dans les chambres à gaz, car jugés inutiles. Les jeunes, eux, étaient maintenus en vie, quelques mois seulement, afin d'accomplir les tâches les plus dégradantes, comme récurer les toilettes et obliger d'autres captifs à trimer. Ou bien, comble de la cruauté, on les forçait à sortir les corps des chambres à gaz et à les mettre dans les fours crématoires. Cela durait jusqu'à ce qu'ils deviennent trop faibles pour travailler. Après quoi, ils étaient gazés à leur tour. Mais les SS les auraient éliminés de toute façon parce qu'ils ne voulaient pas de témoins de leurs crimes. Pendant ce temps, les trains arrivaient à un rythme soutenu avec, à chaque descente, de nouveaux enfants et vieillards à éliminer, de nouveaux jeunes à expédier aux travaux forcés.

Une autre mission confiée aux Sonderkommandos, ces unités spéciales, consistait à arracher les dents en or des cadavres pour fournir le précieux métal à la patrie et à leur raser les cheveux pour garnir des oreillers ou fabriquer des perruques. Bref, comme le répétaient souvent nos geôliers, nous devions nous estimer chanceux, car même si nous étions des ennemis, d'ignobles traîtres au gouvernement de Mussolini, même si nous étions considérés avec mépris et gratifiés d'une poignée de riz par jour, nous n'avions pas été fusillés comme nous l'aurions mérité. Je me suis demandé après coup comment faisaient les militaires japonais pour savoir ce qui se passait dans les camps nazis : le massacre de milliers et de milliers d'innocents de la façon que les nazis jugeaient la plus efficace, la plus économique.

Au début, ils les éliminaient à coups de fusil. Et puis ils ont fini par s'apercevoir d'une chose : les Juifs avaient beau être assimilés à des animaux qu'il fallait exterminer sans pitié, les soldats pouvaient avoir des états d'âme, surtout s'ils devaient tirer sur des enfants. Alors on a cherché une méthode plus neutre : les gens étaient entassés dans des camions et forcés d'inhaler les gaz d'échappement qu'on y faisait entrer par des tuyaux recourbés. Problème : leur agonie durait trop longtemps. Dans l'intervalle, on entendait des cris, des plaintes, des coups de pied. Les victimes vomissaient, hurlaient, râlaient, ce qui ébranlait de nombreux soldats. Sans doute subsistait-il en eux un peu de sensibilité humaine qui avait échappé à la manipulation hitlérienne. En se réveillant, elle les mettait mal à l'aise. Difficile de supporter froidement de tels carnages.

On a donc inventé une autre méthode, plus rapide et silencieuse. Les personnes étaient enfermées dans des chambres à gaz sous prétexte de prendre une douche. Raison pour laquelle on leur offrait du savon et une serviette. À l'intérieur, de l'eau sortait effectivement des pommeaux. Mais quand le sol carrelé était entièrement mouillé, des fentes s'ouvraient dans le plafond et libéraient le fameux Zyklon B, un puissant pesticide qui se présentait sous la forme d'une poudre bleue. Dès qu'elle entrait en contact avec les flaques sur les dalles, un nuage toxique s'élevait, tuant enfants et vieillards en deux ou trois minutes. Ils mouraient asphyxiés au bout de quelques bouffées, les petits agrippés à leur mère.

Des corps nus d'adultes s'entremêlaient à des corps nus d'enfants, un bout de savon encore dans la main. On regardait la pluie bleue avec une incrédulité amusée, mais durant quelques secondes seulement, parce qu'on avait aussitôt le souffle coupé et qu'on ne pouvait même plus crier. Les gens s'écroulaient en se contorsionnant. La mort les saisissait ainsi, de manière aussi fulgurante qu'inattendue. L'œil d'un SS les observait à travers un hublot à l'épais verre blindé. L'opération terminée, quand tous les corps gisaient par terre, immobiles, on ouvrait la porte. Les gardes nazis s'éloignaient pour ne pas être frappés par la puanteur qui s'échappait de la pièce, mélange de gaz, de vomi, d'excréments, de larmes, d'urine. Les cadavres étaient évacués par d'autres Juifs – les fameux Sonderkommandos, forcés d'accomplir ce lugubre et funeste travail – puis transportés dans les fours.

À ceux qui refusent de croire que tout cela ait pu arriver, j'aimerais rappeler les photos prises par les nazis eux-mêmes, en bons fonctionnaires scrupuleux et tatillons. Il y a également les factures payées à ceux qui leur fournissaient le Zyklon B et toute une correspondance avec les fabricants des fours, qui tombaient parfois en panne. Du fait qu'ils étaient trop chargés et qu'ils tournaient jour et nuit, ils risquaient la surchauffe. L'ensemble de ces documents est consultable.

Certains s'obstinent pourtant à nier, encore et encore, malgré les preuves innombrables. Les négationnistes sont de curieux personnages, j'oserais même dire des illuminés farfelus : la réalité les écrase, alors ils s'inventent un univers délirant et illusoire où tout ce qui arrive est non seulement faux mais inventé par un pouvoir malveillant qui manigance en secret pour leur nuire. La chose la plus difficile au monde, c'est de voir de ses propres yeux ce qu'on a sous le nez, constatait Goethe. Récuser ce qui a été étayé par des milliers de textes et de photos, c'est être atteint d'une cécité et d'une surdité principalement éthiques, lesquelles transforment ces individus en automates insensibles. Comme si une main invisible avait vidé leur cerveau et fouillé dans leur poitrine pour leur arracher le cœur, ainsi que le faisaient les sorcières, selon la Sainte Inquisition. Car en admettant que le cœur soit le siège des sentiments, c'est d'abord là que passe le sang qui nous maintient en vie.

Dans l'Angleterre du XVIe siècle, un châtiment réservé aux fornicateurs ou aux adultères consistait à conduire le condamné pieds et poings liés sur une estrade puis à l'allonger sur un banc. Un habile bourreau lui ouvrait alors la poitrine à l'aide d'un couteau et en sortait l'organe encore battant, qu'il montrait triomphalement au public tel un trophée.

On peut se demander si, au fil des siècles, le monde a progressé dans son évolution. Surtout en matière d'exhibition de la cruauté : faut-il voir la guillotine, la torture légalisée et érigée en spectacle, l'empalement, la crucifixion, la décapitation comme des résidus historiques ou comme les manifestations d'un droit encore exercé par les vainqueurs et les détenteurs du pouvoir ? C'est ce que semblent penser les membres de Daesh qui, au nom de leur dieu, torturent et tuent, en nette contradiction avec la loi du Coran.

Bref, je me demande : nous sommes-nous délivrés pour de bon de l'obscurantisme ou faut-il se résigner à ce que certaines pratiques soient éternelles ? L'esclavage ou la mutilation sexuelle seraient-ils légitimes parce qu'ils ont eu cours pendant des centaines d'années ? C'est ce que prétendent ceux qui se dispensent d'historiciser, c'est-à-dire de replacer dans leur contexte les usages, les sentiments, les tabous, les règles en vigueur à une période donnée. Ce serait oublier que certaines habitudes, déjà largement stigmatisées, ont été éradiquées par des avancées historiques dans lesquelles nous croyons tous.

L'esclavage existe encore, c'est certain, mais il est passé dans l'illégalité car il a été collectivement condamné, une fois pour toutes. Ainsi, ceux qui en sont victimes ne sont plus considérés comme la propriété de ceux qui les exploitent. Même chose avec la lapidation : n'étant plus jugée légitime, elle est devenue condamnable. Faut-il y voir des étapes décisives dans l'émancipation de l'individu et la conquête des droits humains ? Non, répondraient certainement fondamentalistes et intégristes. Pour eux, les usages et les règles sont irrévocables, et toute personne qui y déroge mérite d'être punie, au prix de sa vie parfois.

Avec ceux qui ne réfléchissent pas, qui refusent de réfléchir, il n'est guère besoin de discuter. Ce livre terrible qu'est le *Malleus Maleficarum* (ou *Marteau des sorcières*), le livre de la Sainte Inquisition, ne laisse jamais de m'estomaquer. À l'intérieur, on trouve des questions déjà prêtes à être soumises aux femmes accusées de sorcellerie : As-tu volé sur un balai enduit de graisse pour te rendre au Sabbat ? As-tu tracé un cercle sur le sol et y as-tu couché avec le démon sous la forme d'un bel homme aux pieds de bouc ? Avait-il l'haleine glaciale et la langue noire ? Combien de fois as-tu forniqué avec lui ? As-tu craché sur la croix ? Es-tu entrée en volant dans la chambre où dormait un enfant pour prendre son cœur de chair et le remplacer par un cœur de paille ?

Voilà le genre de questions que les inquisiteurs devaient poser aux femmes en odeur de sorcellerie. Si elles répondaient par la négative, on les pendait par les bras à un crochet fixé au plafond, à l'aide de cordes. Au bout de quelques heures, les membres des malheureuses se disloquaient. La douleur était telle qu'elles réclamaient à cor et à cri d'être libérées. On pouvait aussi leur infliger le supplice de la roue, leur arracher les ongles un par un, leur briser les genoux avec un marteau ou leur brûler la plante des pieds au-dessus d'une flamme. Pour cesser de souffrir, ces femmes finissaient par avouer n'importe quoi et signer tout ce qu'on leur demandait. Hélas, une sorcière n'était brûlée vive qu'après avoir été soumise à la question. D'où les tortures à répétition.

Il y avait aussi l'épreuve des aiguilles. On les plantait dans différentes parties du corps de la femme nue et, quand elle ne hurlait pas de douleur, soit parce qu'elle s'évanouissait, soit parce qu'elle avait perdu la voix à force de hurler, cela voulait dire qu'elle était devenue insensible à tel ou tel endroit : c'est là que l'avait touchée le démon, elle était prête à être brûlée vive. D'ailleurs, n'avait-elle pas avoué qu'elle avait fait commerce avec le diable, qu'elle avait copulé avec lui et craché sur la croix ? Elle méritait de mourir par le feu. Car le feu purifie, c'est bien connu. Alors les inquisiteurs se mettaient en cercle autour du bûcher pour jouir de cette terrible punition imposée au nom d'un dieu cruel et vengeur, comme ils se plaisaient à l'imaginer. Or chaque dieu ne naît-il pas en prononçant des paroles d'amour ?

Il y a peu, j'ai découvert que la fête de la Befana[4] était liée au souvenir de la persécution de ces prétendues sorcières. Une persécution qui découlait à son tour du renversement d'un mythe de l'Antiquité : le 6 janvier, on honorait la naissance d'un nouveau soleil en suivant des usages ancestraux qui impliquaient le dieu indien et persan Mithra. On pensait que des divinités féminines bienveillantes volaient au-dessus des champs pour annoncer de bonnes récoltes.

Mais comment de jeunes et ravissantes nymphes, comme les appelaient les Romains, ont-elles pu se transformer en horribles mégères ? C'est là qu'on mesure toute la misogynie du fanatisme monothéiste. Afin de se démarquer du culte de la déesse Diane, à qui les nymphes étaient associées, on les a transformées en hideuses vieillardes qui volaient elles aussi, certes, mais sur des balais, pareilles à des oiseaux de mauvais augure. Le balai était de longue date le symbole du ménage, c'était avec lui qu'on débarrassait la maison des restes de l'année écoulée pour entrer dans la nouvelle. Seulement, dans le délire misogyne, il est devenu un instrument diabolique pour échapper à la famille et à la religion.

Après le bûcher, on avait coutume de faire payer les proches des suppliciées pour la cellule qu'elles avaient occupée pendant des mois, et même pour leur paillasse infestée de parasites. Gare à ceux qui refusaient d'obéir : on pouvait se retrouver accusé de complicité avec une dangereuse sorcière. Par chance, ces femmes mouraient souvent asphyxiées

4. Figure de « sorcière » très présente dans la célébration de l'Épiphanie en Italie. Dès la nuit précédente, elle est censée déposer des friandises dans les chaussettes des enfants sages et du charbon dans celles des autres. *(N.d.É.)*

par la fumée avant que les flammes les atteignent. Mais tout cela suivait la « volonté de Dieu », on ne pouvait que se réjouir de son triomphe sur ces pauvres chairs carbonisées. Piètre titre de gloire pour ces tribunaux civils farcesques qui, il faut le dire à la grande honte des populations concernées, dépassaient généralement les tribunaux religieux en cruauté et en violence.

10

Ma relation intellectuelle et affective avec les camps de concentration s'est nouée il y a des années et n'a jamais varié. Par curiosité, mais aussi parce que cela me tenait profondément à cœur, j'ai pris l'avion plusieurs fois pour visiter Auschwitz en Pologne, Buchenwald et Ravensbrück en Allemagne, mais aussi tous les musées consacrés à la Shoah. Je me suis maintes fois demandé pourquoi il y en a tant en Allemagne et presque aucun en Italie. Quasiment rien en dehors des pavés de mémoire[5]. Chaque fois, je me penche pour les lire, non sans émotion, et je fais un petit saut afin de ne pas poser le pied dessus, mais ne pourrait-on pas faire davantage pour raviver cette mémoire chez les nouvelles générations ?

J'ai découvert au fil de mes lectures et de mes visites que les SS étaient des comédiens de talent : ils savaient jouer leur rôle, et avec quel brio ! Aux personnes arrachées à leurs foyers, dépouillées de leurs biens et embarquées à bord d'un

5. Les *Stolpersteine* (« pierres d'achoppement »), conçues par l'Allemand Gunter Demnig, sont des pavés de dix centimètres de côté dont chacun honore la mémoire d'une victime de la déportation. *(N.d.É.)*

train, ils disaient qu'on allait les enfermer dans un camp de travail, ils leur demandaient de prendre une valise, comme les Japonais l'ont fait avec nous, et leur assuraient qu'à la fin de la guerre elles rentreraient à la maison. Les pauvres déportés y croyaient. L'idée qu'on puisse exterminer un peuple innocent était si absurde que personne n'osait vraiment mettre en doute le but présumé de ce périple.

Même si ces personnes passaient plusieurs jours parquées dans des wagons de marchandises, sans eau ni nourriture, contraintes de faire leurs besoins dans un seau, même si elles traversaient des campagnes, des forêts et des villes à bord de trains verrouillés, elles n'auraient jamais imaginé que la finalité du voyage était leur élimination. C'était difficile à croire, il est vrai. Nombre de ces Juifs étaient nés en Allemagne, ils avaient la nationalité allemande, ils parlaient l'allemand, ils avaient parfois combattu dans l'armée nationale et considéraient l'Allemagne comme leur patrie. Pourquoi auraient-ils dû être exterminés ? Uniquement parce qu'ils étaient juifs ?

Mais qu'avaient-ils de si différent, ces Juifs ? Beaucoup n'étaient même pas pratiquants et, à moins de mettre le nez dans leurs papiers, il n'y avait aucun moyen de les distinguer des autres citoyens allemands. Ils étaient pourtant montrés du doigt, dénigrés, dénoncés, décrits comme des gens puissants et désireux de dominer le monde. Se poser en victimes pour mieux attaquer, telle est la marque de fabrique des tyrans. Ce qu'il y a de plus révoltant, peut-être, c'est que ce mensonge éhonté, célébré par les tristement célèbres *Protocoles des sages de Sion*, passait de bouche en bouche, rendant les innocents coupables ; il justifiait les persécutions, les complots, les pillages systématiques, les meurtres de milliers de citoyens sans défense. Mais l'idée d'un massacre collectif dépassait l'imagination, chez n'importe qui.

À Auschwitz, où je me suis rendue plus d'une fois avant de lui consacrer un livre, *Il Treno dell'ultima notte*, j'ai reconstitué mentalement les techniques de cette traite : les rafles, les départs, les arrivées, les sélections expéditives, les chambres à gaz, la gestion des fours et des cendres. C'était si bien organisé ! On aurait dit que ça fonctionnait tout seul !

La question que je me posais et que je me pose encore est la suivante : qui, dans le monde, savait ce qui se passait dans ces endroits tenus secrets, où le moindre rouage servait à perpétrer une extermination de masse ? Deux jeunes gens ayant réussi par miracle à s'évader d'Auschwitz sont à l'origine d'un rapport transmis aux Alliés et au Vatican. Mais on a mis du temps à les croire. Puisque personne ne ressortait des camps vivant, l'information pouvait difficilement circuler, de toute façon. N'y avait-il pas des nazis qui en parlaient avec leur femme le soir, dans l'un des petits pavillons qui se dressaient aux abords du complexe concentrationnaire, quand ça sentait la chair brûlée ? Ces SS s'étaient-ils tellement blindés qu'ils ne laissaient jamais échapper un murmure, une information devant leurs collègues de l'extérieur ? Qu'ils ne connaissaient vraiment aucun moment de réflexion et de remords ?

Mais c'est bien connu : le sens de la discipline peut faire taire jusqu'au moindre doute. Pour la plupart des militaires, surtout chez les SS, un ordre venu d'en haut était indiscutable, fût-il monstrueux et criminel. Les ordres sont les ordres, cher petit soldat, c'est ta patrie qui l'exige ; si tu n'obéis pas, tu es un traître, un paria, tu prouves que tu n'aimes pas ton peuple, tes dirigeants, ton pays. C'est d'ailleurs derrière ces explications que les chefs des SS se sont cachés après la guerre pour justifier leurs actes immondes. « Cet ordre venait d'en haut. Si nous n'avions pas obéi, on nous aurait éliminés. » Mais à l'évidence, c'est un mensonge. Car il existe des cas de SS qui ont refusé de jouer les bourreaux : ils ont simplement été évincés, pas fusillés. Après tout, être bourreau à temps plein nécessite d'avoir certaines tendances sadiques, et l'on sait que les nazis en avaient recruté beaucoup dans les prisons, parmi les assassins les plus sanguinaires. Tu aimes ça, tuer ? Viens, je vais te donner une raison de te vautrer dans ta fange ainsi que les moyens de le faire. Je vais même t'offrir des arguments pour justifier tes massacres. Profites-en, tu seras récompensé.

J'ai longtemps ignoré que dans les camps de concentration il y avait des dizaines et des dizaines de prêtres catholiques allemands. Beaucoup furent enfermés à Dachau, à quelques kilomètres de Munich. Entre 1938 et 1945, on y déporta 2 579 prêtres, séminaristes et moines catholiques, ainsi que 141 pasteurs protestants et prêtres orthodoxes ; 1 034 y moururent. Ces informations figurent dans un livre de Guillaume Zeller, *La Baraque des prêtres*. Ces religieux provenaient des quatre coins d'Europe : Allemagne, Autriche, Tchécoslovaquie, Pologne, Belgique, Hollande, Luxembourg, France, Italie…

Certains ont été emprisonnés pour s'être opposés au programme d'euthanasie, d'autres en tant que résistants, d'autres encore parce qu'ils étaient tout simplement contre le nazisme.

Je me souviens de ma surprise en lisant combien Primo Levi avait été frappé par la dignité et la stature morale de ces prêtres condamnés à mort. Le cas de Mgr Gabriel Piguet, qui, lui, a survécu à la guerre, est étonnant : ce partisan du maréchal Pétain avait travaillé pour Vichy de 1940 à 1944, mais il fut déporté à Dachau après avoir caché et sauvé de nombreux Juifs. À l'initiative du pape Benoît XVI et du pape François, cinquante-six religieux morts en ce lieu furent béatifiés.

S'il est difficile de dire combien de gens savaient qu'on exterminait des Juifs, il est certain que, même en ayant entendu parler des camps, on avait peine à croire qu'un gouvernement en place s'était donné pour objectif d'assassiner plusieurs millions de citoyens innocents, dont des femmes et des enfants, uniquement parce qu'ils étaient soi-disant de race inférieure et donc transformés en dangereux ennemis de la patrie. C'était si inimaginable que les Allemands étaient nombreux à ne pas y croire, surtout parmi les Juifs.

On se dit certes que les familles qui récupéraient les possessions des Juifs capturés puis transférés dans des camps se doutaient forcément de quelque chose. Si cette détention n'avait été que temporaire, comment auraient-elles pu s'estimer maîtres du nouveau foyer qu'on leur avait accordé pour services rendus aux autorités ? Ces habitations étaient presque toujours allouées à des fidèles du régime et autres sympathisants nazis. À l'intérieur, il y avait largement de quoi remplir une vie : tapis, couvertures, tableaux, meubles anciens et modernes. Si on laissait ces individus s'en emparer, c'est bien que les propriétaires légitimes avaient été éliminés, non ?

En s'en tenant à ce raisonnement, on peut supposer que beaucoup savaient mais se sont tus. L'argent et les biens immobiliers révèlent toujours quelque chose qui n'est peut-être pas écrit noir sur blanc. Et ceux qui recevaient les dents en or arrachées aux cadavres sortis des chambres à gaz, ne se posaient-ils pas de questions ? Même s'ils ne travaillaient pas dans les camps de concentration, ils se servaient du précieux métal pour fabriquer des lingots : n'avaient-ils vraiment aucun doute sur la provenance de tels objets ? On n'arrache pas les dents en or aux gens de leur vivant, pourtant ! Et toutes ces alliances, en or également, que portaient de nombreux déportés, hommes et femmes, ainsi que les quelques gourmettes qui avaient échappé aux gardiens à l'arrivée au camp, où finissaient-elles ? Ceux qui les récupéraient ne se disaient-ils pas que leurs possesseurs avaient disparu ?

La comédie montée par les nazis était proprement diabolique : à côté du train qui arrivait était garée une ambulance, pour faire croire qu'on prendrait soin des malades. Or si les malades étaient soignés, c'est qu'on ne les tuerait pas, songeaient les nouveaux venus. Et pourtant, cette fumée qui sortait des cheminées et sentait le cadavre n'atteignait-elle pas les maisons proches du camp, poussée par les détours imprévisibles du vent ? Que faisait-on brûler constamment dans ces lieux de détention ? Des déchets et du papier, rien de plus ?

Et où passaient tous ces gens qu'on faisait descendre des trains ? Comment une centaine de baraquements pouvaient-ils héberger des milliers et des milliers de personnes ? Et les manteaux, les bonnets, les chaussures qu'on faisait retirer aux enfants quand ils pénétraient dans la chambre à gaz, où allaient-ils ensuite ? Au feu, eux aussi ? Mais si les fours tournaient en permanence pour faire disparaître les corps, sauf en cas de panne pour cause de surcharge, avait-on le temps et la possibilité de brûler jusqu'aux vêtements et aux chaussures des arrivants ?

Lors de mes visites d'Auschwitz, je me suis arrêtée, incrédule, devant les montagnes de souliers, de valises, de chapeaux entassés dans de grandes pièces, derrière une vitre. Ce n'est pourtant qu'une partie des millions de chaussures dont, chaque jour, on délestait ceux qui allaient vers la mort. Où finissaient-elles ? Y avait-il un marché de la seconde main, comme il en existe aujourd'hui en Italie ou en France, pour la revente de ces articles sur les étals des villes d'Allemagne et de Pologne ? Personne ne se demandait d'où provenaient tous ces vêtements d'enfant, toutes ces chaussures, tous ces chapeaux, ces manteaux ? Certains de ces habits avaient forcément, cousue sur le revers, une étoile jaune qu'on avait oublié de retirer. Cela devait forcément intriguer. La curiosité est un dangereux défaut, les citoyens des nations autoritaires sont bien placés pour le savoir. Autant regarder ailleurs et se taire. Est-ce ainsi que réagissaient les Polonais et les Allemands qui tombaient sur un détail troublant ?

Les valises m'ont toujours émue. Auschwitz, qui est le mieux conservé des camps, renferme des tas de bagages, en carton, en cuir, sur lesquels sont écrits des noms allemands, espagnols, français, italiens. Des étiquettes mentionnent des villes étrangères : Dantzig, Turin, Lisbonne, Rome, Berlin, Paris… Autant de valises vidées et empilées qui prennent la poussière. Certaines ont perdu leur couleur, des inscriptions se sont en partie effacées. Mais tous ces objets sont touchants parce qu'ils témoignent de la confiance qui animaient les déportés au moment du départ. Me voilà parqué dans un wagon à bestiaux où je ne pourrai pas m'asseoir, obligé de faire mes besoins devant tout le monde, d'endurer la soif et la faim, mais au moins, au bout de ces quelques jours de voyage, j'arriverai dans un camp où je pourrai ouvrir ma valise, changer de vêtements et manger un repas chaud. Même si je dois travailler la terre ou nettoyer des cabinets, je pourrai bouger et continuer de vivre, tant bien que mal. Ces réflexions, on les devine derrière ces bagages auxquels avaient droit les déportés. Avec, à l'intérieur, quelques menus trésors.

Tout cela, je l'ai appris en allant visiter ce qui subsiste des camps d'extermination. L'intelligence stratégique des nazis était sans limites. Pourquoi créer des zones de mort à domicile ? Pourquoi susciter l'inquiétude et le soupçon au sein de la population allemande ? Les bons citoyens voyaient passer des trains surchargés et fermés par des barres de fer, mais nulle crainte : ils étaient remplis d'ennemis de la patrie, de traîtres, de criminels qu'on expédiait dans des camps de travail. Les gens y croyaient. Voilà pourquoi on préférait œuvrer en territoire étranger, comme en Pologne.

Le système totalitaire est toujours bien huilé, surtout en matière d'information. Les journaux d'opposition avaient tous été interdits. Les radios appartenaient à l'État et étaient soumises à un contrôle drastique. Personne n'aurait osé poser des questions gênantes, ou simplement demander : « Où vont tous ces trains bondés qui défilent heure après heure, en provenance des quatre coins de l'Europe ? »

11

J'ai toujours eu besoin de cerner les rouages des camps d'extermination. Pourquoi les nazis ne se contentaient-ils pas d'enfermer et d'isoler ceux qu'ils assimilaient à des ennemis de la patrie ? Pourquoi les exterminer ? Ne se disaient-ils pas qu'ils passeraient pour un régime d'assassins aux yeux du monde ? D'où naissait cette frénésie criminelle ? Je me suis confrontée à la mémoire d'une époque qui fut également la mienne. Une chape de haine raciale a enveloppé des pays qui, jusque-là, avaient été des modèles de civilisation et de culture. Comment cela a-t-il pu se produire ? Comment a-t-on pu passer des merveilleuses mélodies de Bach et de Mozart, exécutées par des doigts experts et légers, aux orchestres des camps, où des prisonniers en pantalon et chemise à rayures jouaient sur des instruments cabossés, leurs mains usées par le labeur, leurs yeux aveuglés par la faim et les tortures ? Comment en est-on arrivé là ?

Pour mieux le comprendre, j'ai écrit une pièce de théâtre intitulée *Norma 44*. J'y ai imaginé un camp de concentration nazi où arrivent deux cantatrices juives italiennes ayant chanté *Norma* sur scène. L'un des hauts gradés est féru de musique, d'opéra en particulier. Il oblige donc ces femmes à interpréter les rôles de Norma et d'Adalgisa, deux prêtresses gauloises. Lui qui a des velléités de baryton incarne pour sa part Pollion, le proconsul romain tombé amoureux de l'une puis de l'autre.

Non contentes d'échapper à la mort grâce à la musique et à la passion que leur voue le commandant, les Italiennes tombent amoureuses du beau militaire ennemi. De cet amour naît un enfant que l'une des deux femmes sauvera lors de la catastrophe finale, par solidarité avec l'autre, comme dans le livret de Bellini. Si les événements de son drame ont lieu dans l'Antiquité, le mien se déroule en 1944, sous le Troisième Reich. La pièce a d'abord été créée dans une mise en scène de Sofia Scandurra, avant une tournée en Argentine. J'y ai rencontré le dramaturge Eugenio Barba, avec qui je me suis prise d'une tendre amitié que nous renouons dès que nous le pouvons. Par la suite, Stefano Massini a monté un spectacle avec de vraies chanteuses. Et il y a deux ans, la pièce a été donnée dans une université américaine avec des élèves du cours d'art dramatique.

La musique a-t-elle le pouvoir de se glisser dans les interstices du mal absolu et d'offrir une bouffée d'air, voire de l'amour ? D'après ce que j'ai lu sur celle qu'on jouait dans les camps, je dirais que oui. Dans notre prison japonaise, la musique pouvait également s'inviter. Il n'y avait pas d'instruments et personne ne savait en jouer. Mais on chantait, et je me souviens de certains chants montagnards sur lesquels mon père faisait des vocalises. Ma mère, elle, m'apprenait des airs siciliens, comme : « *Vitti 'na crozza supra nu cannuni. Fui curiusu e ci vosi spiari. Idda m'arrispunniu cu gran duluri : "Muriri senza 'ntoccu di campani."* – J'ai vu un crâne au sommet d'une tour. Intrigué, je l'ai interrogé. Alors il m'a répondu tristement : "Je suis mort sans que pour moi sonne le glas." » Ou cet autre, mélancolique, un vrai bijou : « *Io te saluto, strata, e me ne vaiu. Cussa si ni virimo n'autra vota ?* – Je te dis au revoir, chemin, et m'en vais. Qui sait si nous nous reverrons un jour ? »

Les chansons d'amour avaient été écartées pour laisser la place à des textes teintés de nostalgie. C'était le sentiment qui prédominait. L'Italie nous manquait, et avec elle sa nourriture qui, à force d'être un sujet de conversation, avait déclenché des rêves fabuleux qui m'habitent encore aujourd'hui. Dès que je passe devant une vitrine remplie de pâtisseries, je m'arrête pour la regarder avec émerveillement. Je ne suis ni gourmande ni grosse mangeuse, je me contente de dévorer des yeux, exactement comme une personne affamée observe, envoûtée, les délices dont elle sera toujours privée.

Mon père avait un faible pour une chanson poignante dans laquelle un capitaine des chasseurs alpins mortellement blessé appelle ses hommes afin de leur parler une toute dernière fois. Ils lui font dire qu'ils n'ont pas de chaussures. Mais leur chef insiste : avec ou sans chaussures, il les veut auprès de lui. Alors ils viennent, pieds nus, donc, et lui demandent ce qu'il attend d'eux. L'autre répond qu'il est blessé et qu'il va mourir ; il souhaite qu'après sa mort son corps soit découpé en cinq morceaux (mon père, pour nous épargner cette image sanglante, disait que le militaire partageait métaphoriquement son cœur et son esprit) : « Le premier à ma patrie, le deuxième au bataillon, pour qu'il se souvienne de son capitaine, le troisième à ma mère, pour qu'elle se souvienne de son fils soldat, le quatrième à ma belle, pour qu'elle se souvienne de son premier amour, et le dernier à la montagne, pour qu'elle se couvre de roses et de fleurs. »

J'entends encore la voix de Fosco, enrouée par la fatigue et la malnutrition, quand il entonnait presque pour lui-même *Monte Canino*, un chant de chasseurs alpins datant de la Grande Guerre : « Après trois jours de chemin de fer, et deux autres où nous avons tant marché, nous voilà sur le mont Canino, et sous un ciel serein il est temps de nous reposer. Plus de couvertures, de draps ni d'oreillers… On n'entend que les cris des rapaces… Si vous avez faim, regardez au loin. Si vous avez soif, votre tasse à la main, vous aurez la neige pour vous rafraîchir. »

Ces paroles me semblaient parfaitement coller à notre situation. Si nous avions faim, la seule solution était de regarder au loin, en espérant un signe qui annoncerait la fin de la guerre. Et si nous avions soif, nous pouvions boire dans un ruisseau où l'on jetait les ordures.

Il n'y avait pas de rapaces. En revanche, l'endroit était rempli de serpents qui remontaient des rizières et se nichaient dans le sol. Ils n'étaient pas toujours importuns : les hommes jeunes du camp avaient appris à les attraper sans difficulté. Une fois tués, ils étaient dépecés puis mis à bouillir. C'est la seule viande à laquelle nous ayons eu droit pendant ces deux années de privations et je n'ai pas oublié le goût de vase de cette chair de serpent méticuleusement partagée. Un petit morceau pour chaque bouche, comme si ç'avait été du gigot.

La musique et les poèmes ont le pouvoir d'alléger la réalité de ses peines. Je me souviens qu'à l'enterrement de mon père – mais comment un père tant aimé peut-il mourir ? – je n'ai pas pu retenir mes sanglots quand les membres du Club Alpino Italiano de Florence ont chanté en chœur *Signore delle cime*, un air à la mémoire des disparus en montagne.

L'image de mon père mort reste gravée au fond de mes yeux, comme une fleur emprisonnée dans de l'ambre. Le camp était un souvenir lointain, désormais. Fosco vivait à Florence avec sa nouvelle épouse, Mieko, une gentille Japonaise, et moi à Rome. Et puis soudain, un coup de téléphone. Je me suis précipitée sur place. On l'avait allongé sur une table et recouvert d'une nappe blanche, dans une pièce du cabinet Vieusseux, l'une des grandes bibliothèques florentines. Mais ce n'était pas lui.

À qui appartenait ce corps immobile ? Je savais que ce ne pouvait pas être celui d'un homme qui avait toujours été alerte, heureux de vivre et en mouvement. En aucune façon. Je ne reconnaissais pas mon père, mais je sentais qu'il avait quitté cette enveloppe physique comme un papillon abandonne sa chrysalide et s'éloigne en battant des ailes. Il ne nous avait laissé qu'un corps aussi immobile et froid qu'un vêtement sorti d'une armoire encore imprégnée des odeurs de l'hiver.

Il était ailleurs, et subitement j'ai senti que le temps n'est pas cette chose verticale constituée d'un passé, d'un présent et d'un futur : il est circulaire, il existe au moment même où il cesse d'exister. Pourquoi voyais-je mon père debout près de la porte, un sourire moqueur au coin de sa bouche entrouverte ? Pourquoi l'apercevais-je vêtu d'une chemise blanche au col déboutonné, s'adossant au mur puis s'éloignant de ce pas agile et léger dont il était coutumier ? Pourquoi était-il muet et dédoublé ? Pourquoi ne me disait-il rien ? Pourquoi n'avais-je pas entendu sa voix m'appeler, comme à la mort de grand-mère Yoi, quand nous étions au camp de concentration de Nagoya ?

Je repensais à l'image de ma grand-mère, de dos, en train d'agiter un mouchoir sur la jetée. Elle regardait s'éloigner le bateau qui emportait son fils bien-aimé. Ils s'étaient promis de vivre encore quelque temps ensemble avant de se quitter. Hélas, ils n'y étaient pas parvenus. Un jour, elle s'était effondrée dans le jardin de sa maison de Florence. Elle était restée là au milieu des oliviers et des rosiers, jusqu'à ce que mon grand-père vienne la chercher, inquiet de ne pas la voir rentrer. Ce jour-là, mon père avait entendu la voix de sa mère, qui l'appelait : « Fosco ! » Et il avait répondu : « J'arrive, attends-moi ! Dès que cette guerre de malheur sera terminée, nous pourrons à nouveau nous serrer dans les bras. » Mais elle était morte seule, loin de son fils. Et pendant des jours et des jours, il avait eu le cœur alourdi par la douleur. Moi aussi, j'étais loin quand il est mort, et je n'ai pas pu lui tenir la main comme je l'ai fait avec ma mère.

À un certain âge, le cœur devient un cimetière. Je n'aime pas me rendre dans ce genre d'endroit, car les petites tombes douloureuses sont toujours muettes. Mais la douce Caterina, mère de Giuseppe Moretti, mon défunt compagnon, va tous les jours sur sa tombe pour parler à ce fils mort prématurément d'une leucémie et lui apporter des fleurs fraîches. Elle s'adresse à lui comme s'il pouvait l'entendre et se persuade de plus en plus que, même si son corps est là, mort, son esprit est vivant et l'écoute du fond de cette tombe. Je préfère entretenir sa mémoire en chantant ses chansons, en regardant les photos de son théâtre, en organisant un prix en son honneur.

C'est justement ça que le Japon m'a appris : il est important de dialoguer avec les morts, de ne pas les voir comme des fantômes dont on devrait craindre la colère, de ne pas croire, à rebours d'une abondante imagerie occidentale, que ce sont des vampires prêts à dévoiler leurs dents pointues pour les planter dans votre cou.

Pour moi qui me considérais comme une petite Japonaise, les morts étaient des figures bienveillantes. Des amis qui, depuis les sereines étendues où se déroule leur existence brumeuse, regardent, jugent, donnent des conseils. Il en est ainsi dans le théâtre nō, qui réunit toujours les vivants et les morts autour de dialogues d'une profonde complexité.

12

Les prisonniers, sans même s'en apercevoir, cédaient à la stratégie des gardes, qui s'ingéniaient à ronger peu à peu leur sens de la dignité et de la solidarité. L'orgueil de personnes pourtant lucides et cultivées se muait en une fragilité d'enfants caractériels. Résultat : c'était disputes sur disputes. Ma mère et mon père en parlaient souvent. Je les entendais chuchoter quand le sommeil tardait à nous apporter le repos. Les maux de ventre étaient incessants, un sentiment de désarroi et d'abattement envahissait les nuits d'insomnie. De ces murmures nocturnes est née l'idée – c'est d'abord Topazia qui l'a eue, je crois – d'organiser une grève de la faim. Mais comment faire, puisque nous étions déjà en train de mourir de privations ? Il fallait bien inventer quelque chose, pourtant ; c'était le seul moyen de nous faire entendre, au sein du camp et même en dehors.

Comme tant d'autres fois, ma mère avait vu juste. Car les gardiens se savaient en tort : le vol systématique des denrées était toléré, mais ils ne s'en vantaient pas. La moindre information susceptible de remonter jusqu'au ministère ou au gouvernement leur donnait des sueurs froides. Leur priorité, c'était de nous contraindre au silence et de nous faire accepter sans broncher ces vexations à répétition. Ils redoutaient la vérité, nous l'avions bien compris à la façon dont Kasuya avait mené et encadré les visites de contrôle. Il y avait néanmoins une connivence manifeste entre les militaires chargés de notre surveillance et les hommes politiques de la région.

« La dernière chose que souhaitait la police de Nagoya, c'était que le camp de Tempaku “se fasse remarquer”, écrit mon père. Tokyo devait croire que tout se déroulait à merveille, comme en avait témoigné monsieur Angoisse, de la Croix-Rouge. C'était le seul moyen de prolonger ce qu'on pouvait appeler la combine du siècle, à savoir : faire main basse sur le contenu de la “chapelle” et redistribuer ces aliments, alors rares et convoités, entre chefs, sous-chefs et chefaillons du *keisatsushō*, le commissariat central de Nagoya. Une enquête diligentée par Tokyo aurait tout fichu par terre ! »

Fosco et Topazia ont donc mis au vote le principe d'une grève de la faim. La majorité l'a accepté. Seuls les plus âgés étaient contre, eux qui, pour raisons de santé, avaient la permission de recevoir à l'occasion un petit colis de nourriture et de médicaments envoyé par leurs proches. Ils craignaient d'autres restrictions, et de fait il y en aurait, mais à la suite de nouvelles défaites militaires du côté japonais. Et c'est ainsi qu'un matin mon père est venu annoncer au très honorable Kasuya que les prisonniers avaient décidé d'entamer une grève de la faim. Fosco n'a jamais oublié son sourire malveillant ni sa réponse, prononcée sur un ton calme : « *Yoshi, ima-ni kōkai suru zo.* – Très bien, mais vous allez le regretter. »

Le lendemain matin, nous avons vu débarquer au camp un groupe de soldats en armes. Je me souviens encore du bruit de ces pas martiaux sur le sol de la cour, d'ordinaire silencieuse. Nos geôliers mettaient en effet des chaussures légères pour se faire discrets et surgir dans notre dos au moment où nous nous y attendions le moins. Toujours vigilants, attentifs, vindicatifs, méprisants.

M. Azumi, le chef de l'escouade, a fait réunir l'ensemble des prisonniers et s'est mis à nous houspiller : nous aurions dû avoir honte de protester, avec tout ce que le gouvernement japonais faisait pour nous. Nous devions plutôt le remercier de ne pas nous avoir fait fusiller et de nous entretenir à ses frais. Puis, une fois fatigué de crier, il a ajouté d'un ton outré et dédaigneux : « De toute façon, chacun sait que les Italiens sont des menteurs, des traîtres, des lâches ! Vous ne méritez absolument rien ! »

Fosco était très susceptible sur certains points. Alors même qu'on nous avait intimé de garder le silence, il s'est écrié que les petites mouraient de faim et qu'elles avaient le droit de manger, que les prisonniers étaient traités comme des bêtes. M. Azumi l'a regardé d'un air abasourdi. Comment ce jeune imbécile osait-il parler sur ce ton ? Je m'étais lovée contre ma mère. Je savais que si l'un de ces hommes se mettait en colère et se sentait touché dans son *giri*, c'est-à-dire son « honorabilité », comme l'appelle la célèbre anthropologue Ruth Benedict, il pouvait dégainer son épée et vous la planter dans le cœur.

Tout le monde a pensé qu'en lieu et place de celle qu'il portait au côté Azumi allait brandir son revolver ou rouer mon père de coups de bâton. Mais Fosco l'a devancé. D'un geste rapide et ferme, il a ramassé la hachette qui se trouvait par terre, il a posé la main sur la souche qui nous servait à fendre le bois et, sans trembler, il s'est coupé un doigt en hurlant : « Les Italiens ne sont ni des lâches ni des traîtres ! » Puis il a jeté son doigt sur Kasuya, dont l'uniforme immaculé a été taché de sang. Je me suis mise à crier, mes sœurs à pleurer. En voyant ce sang qui giclait, ma mère s'est évanouie. Personne ne s'attendait à ce que mon père fasse une chose pareille. La réaction des gardes et des militaires a été aussi fulgurante qu'explosive : vociférations, coups de pied, coups de poing, jurons, insultes. Pendant ce temps, Fosco essayait de stopper le flot de sang avec un mouchoir.

Quand on le raconte aujourd'hui, son geste peut paraître insensé. Il n'en est rien. Mon père connaissait bien la culture japonaise, y compris celle, ancestrale, des samouraïs, ces guerriers qui obéissaient à un code d'honneur d'une extrême sévérité. Ces devoirs absolus et stricts avaient trait à la fidélité envers le seigneur, au sens de l'honneur et à l'observation du *giri* qui, selon Ruth Benedict dans *Le Chrysanthème et le sabre* (1946), pouvait prendre la forme d'une dette extrêmement contraignante.

Le *giri* est une obligation morale. En cas de manquement, seul le suicide ou un geste radical peut rendre son honneur au samouraï. L'anthropologue américaine explique ainsi : « Ce *giri*, le Japon ne le doit ni au confucianisme chinois ni à aucune forme de bouddhisme oriental. Il relève purement de l'éthique japonaise. » Elle distingue le « *giri* envers la société », qui renvoie aux dettes d'honneur à l'égard de ses semblables, et le « *giri* envers son propre nom », c'est-à-dire

« le devoir de garder son nom et sa réputation vierges de toute accusation ».

Fosco a pratiqué le *giri* envers son propre nom et celui de l'Italie, en réponse à une injure qui les avait visés. Les Japonais ne s'y attendaient pas et ont aussitôt répondu par une déferlante de colère instinctive et irréfléchie. Mais à l'évidence, ce langage ancestral avait parlé au cerveau soldatesque. Car après un passage par l'hôpital, quelques jours de cachot et l'interrogatoire pressant de certains détenus, jugés complices d'un complot politique, ces soldats sont revenus un matin avec une chevrette en guise de cadeau. La petite bête à la barbiche blanche, aux yeux jaunes et aux oreilles mobiles a été bien nourrie, fort heureusement. En la trayant, on obtenait environ deux cents grammes de lait par jour. Ce lait dense et riche en protéines allait nous sauver la vie.

Ce sont Bino et Bencivenni qui ont payé le prix fort. Les deux intellectuels ont passé plusieurs semaines sous les verrous, au riz et à l'eau, livrés aux rats et aux puces. Fosco, dont la blessure continuait de saigner malgré les points de suture, avait été autorisé à retourner au camp, auprès de sa femme et de ses filles. J'ignore pourquoi – peut-être voulait-on donner une dimension théâtrale et politique à l'événement –, mais les gardes insistaient sur le fait qu'il s'agissait d'un complot, voire d'une affaire d'espionnage.

Même si nous n'en savions rien, la première grande défaite subie par le Japon, aux îles Midway en juin 1942, avait permis aux Alliés de commencer à « reprendre le contrôle de l'océan », écrit Fosco : « Au début de 1944 furent conquis les atolls de Kwajalein puis d'Enewatak. À partir de ces bases avancées, on lança une attaque implacable sur les îles Marianne : sur Saipan le 15 juin, Guam le 21 juillet, Tinian le 24 du même mois. »

Ces défaites entraînèrent de nombreux suicides. Plûtot que de tomber entre les mains de l'ennemi, des habitants de ces îles choisirent de se jeter dans la mer. La propagande nationaliste agitait le spectre d'une invasion en dépeignant les Américains comme des meurtriers sanguinaires qui s'adonnaient systématiquement au viol et au pillage, empalaient les hommes, tuaient les femmes après avoir abusé d'elles et capturaient les enfants pour les utiliser comme boucliers.

En l'absence de voix discordantes, le peuple croyait à ces fables. Les gens étaient si terrifiés que beaucoup préférèrent donc se tuer plutôt qu'être livrés à ces tortionnaires doublés d'assassins. Après plusieurs mois d'occupation, quand on finirait par s'apercevoir que les soldats américains voulaient seulement flirter avec les filles, qu'ils riaient, dansaient et mangeaient tout en distribuant du chocolat et de la bière, l'attitude changerait. La confiance qu'on portait à Hirohito n'y serait évidemment pas étrangère. Comme l'écrit Ruth Benedict, les Japonais faisaient toute confiance à l'empereur. Alors, quand celui-ci leur demanderait de traiter l'occupant avec éducation et courtoisie, ils obéiraient.

Les bombardements gagnaient en intensité. Je m'étais presque habituée au bruit des avions, précédés par la sirène. Je préférais ça aux tremblements de terre qui s'enchaînaient jour après jour. Les bombardements étaient annoncés, pas les tremblements de terre. Je me souviens encore de la frappe du 13 décembre 1944, terrible, intense, interminable.

« Les Américains viennent ici pour viser l'usine Mitsubishi, où l'on fabrique des avions », nous a dit Fosco. Nous ne voyions rien encore, mais nous percevions le grondement des appareils. Et cette fois, il y en avait beaucoup.

Notre père nous a expliqué : « Il s'agit des fameux B-29. Vous sentez cette puissance ? Ce sont eux qui vont nous libérer. » Nous l'espérions tous, partagés entre la peur de mourir sous ces bombes et l'envie qu'on en largue davantage. Cela mettrait un point final à notre détention et à la guerre.

« Ces spectacles solennels avaient pour décor des horizons infinis constitués de côtes, de mers, de cieux et de montagnes, rapporte Fosco. Ils étaient aussi l'expression d'une puissance terrible et mortelle que chacun associait jusqu'alors aux phénomènes les plus dévastateurs de la nature – tempêtes, caprices de la foudre, avalanches, inondations, météorites, orages extrêmes. Et puis il y avait le sentiment ambigu et mystérieux qu'inspirait la présence de ceux à qui chaque interné voyait son destin lié. » Nous étions en plein dans ce que mon père appelait les « limbes blanches ». Que nous réservaient-elles ? Allait-on se venger sur les pauvres prisonniers et ordonner des exécutions sommaires ou bien organiser des transferts vers des lieux plus sûrs ?

Nous étions éblouis et même admiratifs face à ces « spectacles » hors normes faits de lumières et d'explosions. Seulement, impossible de rester là à observer le ciel, bouche bée. Nous devions nous précipiter dans le seul refuge existant (les jeunes hommes du camp l'avaient creusé derrière la cuisine), regarder les éclats d'obus voler au-dessus de nos têtes et écouter le crépitement du feu qui brûlait les maisons. Bien après la guerre, quand Fosco a rencontré l'un des pilotes qui avaient volé dans le ciel de Nagoya, nous avons appris qu'ils s'étaient abstenus de bombarder le sud de la ville : on leur avait dit que des prisonniers politiques européens se trouvaient là. Encore heureux ! Cela dit, les bombes ne sont jamais d'une précision infaillible. Il suffit parfois que le vent les pousse sur quelques centaines de mètres pour qu'elles frappent la mauvaise cible.

13

Dans le livre qu'elle a consacré à ma mère, ma sœur Toni lui demande ce qui s'est passé durant la seconde année de notre détention, le journal qu'elle tenait s'interrompant en 1944. Nous savons qu'elle avait arrêté d'écrire parce qu'elle était arrivée au bout de son cahier et de son petit morceau de crayon. Mais n'aurait-elle pas pu demander du papier aux gardiens puis – qui sait ? – dénicher un autre crayon ou un stylo ? Topazia répond que oui, elle avait arrêté parce qu'elle avait atteint la dernière page, mais qu'elle n'aurait jamais pu quémander quoi que ce soit auprès des geôliers : il était interdit d'écrire, tout comme il était interdit de recevoir du courrier. C'est en cachette que ma mère avait noirci son carnet. En fait, tout était interdit au camp. Hors de question de rédiger des lettres et de lire des journaux, hormis, au début, les quelques feuilles de chou qui relayaient la propagande gouvernementale. Pas de magazines, pas de livres. Une seule fois, nous avons reçu un colis de bouquins qu'on nous a autorisés à lire, mais après le coucher du soleil. Et uniquement à l'heure où il était prohibé d'être debout. Une règle stupide et d'une cruauté censée être amusante.

« Mais peut-être que je n'avais plus envie de rien, poursuit ma mère. Nous étions désormais accablés par la faim, le froid, la neige du terrible hiver 1944-1945, un mois de janvier glacial, un mois de février en-dessous de zéro. La guerre dévastait le Japon. Pour ne rien arranger, il y avait eu un enchaînement terrible de tremblements de terre, qui a culminé avec celui du mois de décembre. Celui pendant lequel tu as basculé dans l'escalier, Tonina... Voir la terre s'ouvrir nous a vraiment terrifiés. Et pourtant, nous avons ri comme des fous, ce jour-là. »

Toni lui demande de raconter. Topazia s'exécute : « Il faut savoir, même si tu ne peux pas t'en souvenir, qu'à chaque séisme j'attrapais un petit bagage, un sac, par exemple, dans lequel j'avais rangé ce que nous avions de plus précieux, c'est-à-dire nos papiers, ainsi que le minimum nécessaire au cas où nous serions blessés. Au cours de cette nuit particulièrement terrible, la terre a tremblé beaucoup plus fort que d'habitude. Il neigeait et il gelait, cela faisait des jours que nous étions incapables de fermer l'œil, à cause des secousses ; nous étions épuisés par l'angoisse, le froid et la faim. Le sol vibrait puis s'ouvrait en créant de grandes crevasses. Ce fut le pire des tremblements de terre que nous ayons vécus. »

« Ce séisme a fait de très nombreuses victimes à Nagoya. Une véritable tragédie. Il soufflait un vent terrible et la maison vacillait, on aurait dit qu'elle allait s'écrouler. Les vitres ont volé en éclats. Nous nous sommes précipités dehors. On entendait un bruit assourdissant, des incendies faisaient rage dans les environs. Et puis les sirènes ont sonné pour annoncer un bombardement. C'était le bouquet. Alors Fosco me regarde. J'étais là, clouée sur place, ma valisette à la main. Il n'y avait aucun abri. C'était la fin du monde et j'étais paralysée. Il me regarde, je le regarde. Et d'un coup, nous nous mettons à rire, encore et encore, plus moyen de nous arrêter. »

Cette nuit-là, ma petite sœur de deux ans a donc failli dégringoler dans l'escalier. Ma mère l'a rattrapée par la cheville, c'est ce qui l'a sauvée de justesse. Rester debout avec de telles secousses n'était pas une mince affaire. Je me souviens très bien de ce tremblement de terre, impossible de l'oublier. Je me revois descendre l'escalier assise, en glissant de marche en marche sans parvenir à me relever : tout tremblait, tout valsait. En plus, quand nous avons posé nos pieds nus sur le sol, j'ai vu la terre s'ouvrir près de moi. La peur immense d'être engloutie par un de ces gouffres était presque pire que les bombes.

Subir un bombardement en même temps qu'un séisme était très éprouvant. Aujourd'hui encore, à la moindre secousse, je me raidis et je panique. Me voilà prête à bondir et à foncer dans l'escalier. Le jour du tremblement de terre meurtrier qu'a subi L'Aquila en 2009, j'étais à Rome, dans ma chambre. Soudain, j'ai senti mon lit trembler. J'ai aussitôt levé les yeux vers l'ampoule qui pendait au plafond. Elle dansait. Vite, vers la porte ! Mais j'étais en pyjama et l'idée de dévaler huit étages, tout ça pour me retrouver dehors dans le froid, m'a dissuadée. Je me suis donc abritée sous le chambranle et j'ai attendu. Lorsque je me suis rendu compte que les secousses avaient cessé, je suis retournée me coucher. Mais me rendormir ? Impossible. Là encore, le souvenir de cet affreux séisme de 1944 et de ma mère m'est tombé dessus : debout avec sa valisette à la main, elle fixe ses yeux écarquillés sur mon père et, dans la peur, le froid, la détresse de ne pas savoir où s'abriter, elle se met à rire. La tension accumulée était trop forte. L'espace d'un instant, le grotesque de la situation l'a emporté sur la tragédie.

À partir du grand tremblement de terre de décembre 1944, les bombardements se sont enchaînés, jusqu'à atteindre leur paroxysme en février et en mars de l'année suivante. J'étais devenue une experte en avions et en engins explosifs. Le nez levé, je regardais ces oiseaux d'acier ouvrir leur ventre et déverser des bombes qui brillaient au soleil comme des œufs polis et meurtriers. J'essayais de deviner où elles allaient tomber. On m'avait expliqué qu'elles ne descendraient pas à la verticale, mais en glissant légèrement en diagonale, et qu'elles atterriraient à quelques centaines de mètres du camp. Alors je me précipitais dans notre abri. En l'occurrence, une simple tranchée creusée dans la terre.

Cette tranchée avait été péniblement ouverte à coups de pioche et de bêche par de pauvres prisonniers à bout de forces. Ses parois portaient les traces des impacts brefs et répétés laissés par leurs outils. Je savais les efforts que cela avait coûtés au malheureux Fosco et à ses jeunes amis, affaiblis par le béribéri et le scorbut. Je le savais parce que je les avais observés pendant qu'ils creusaient sous le regard vigilant et moqueur de Kasuya. Je me souviens de mon père, maigre et pâle, qui voulait se montrer fort malgré la sueur qui ruisselait. À l'évidence, sa main meurtrie lui faisait encore mal : la dénutrition empêchait la blessure de cicatriser. Je me souviens aussi de ses pantalons, amoureusement rapiécés par ma mère, et de sa vieille chemise qui, élimée à force de lavages, s'ouvrait toujours davantage sur son torse, révélant ses côtes saillantes.

Topazia, qui était une femme active, essayait de se distraire en cousant, malgré ses jambes qui la faisaient constamment souffrir et les œdèmes qui lui gonflaient les chevilles et les mollets, malgré les taches qui brouillaient sa vue, malgré les nausées qui la tourmentaient. À partir d'une fourrure de *lapin* héritée de sa mère (une vulgaire bestiole, mais le mot français était censé évoquer un animal sauvage), elle avait confectionné trois petits gilets qui nous protégeaient du froid. Il n'y avait pas de chauffage dans le camp et au cours des mois d'hiver la température de la chambre descendait jusqu'à quatre degrés en dessous de zéro. Ma mère disait d'ailleurs qu'au moment d'aller dormir nous ne devions pas nous déshabiller mais nous « emmitoufler ».

Quand et pourquoi s'était-elle mise à coudre pour la communauté ? Un matin, le doyen du groupe, qui s'appelait Dentici, lui avait apporté ses chaussettes afin qu'elle les reprise. Ce n'étaient plus que deux lambeaux de tissu, mais tout le monde savait que « la pauvre Topazia » s'y entendait en couture et qu'elle avait le cœur sur la main. Elle s'apprêtait à répondre à Dentici que ces chaussettes étaient des loques et qu'il n'y avait strictement rien à en tirer. Et puis elle l'avait regardé, lui si maigre, ses yeux sortant de leurs orbites tellement il avait faim, ses joues rougies tout hérissées de poils blancs, et elle lui avait dit : « Laissez-les-moi, je vais vous arranger ça. »

« Ces chaussettes étaient usées jusqu'à la corde, sales et avec des trous partout, écrit Topazia. Elles sentaient atrocement mauvais, mais cet homme me faisait de la peine. Il n'y avait pas de savon pour la lessive. Je lavais nos sous-vêtements à la sicilienne, en versant de la cendre dans de l'eau que j'avais fait bouillir. Et puis coudre m'absorbait, cela m'aidait à ne pas penser, à passer le temps les fois où j'étais trop malade pour sortir et descendre l'escalier. » Par la suite, sa réputation a grandi et un garde est même venu lui confier la chemise de son uniforme, qui était déchirée. Topazia s'est si bien acquittée de sa tâche qu'en échange elle a reçu deux pommes de terre. Elle les a partagées avec toute la famille. À partir de là, d'autres policiers se sont présentés pour lui réclamer la même chose et elle a travaillé pour obtenir un *gō* de riz supplémentaire ou la moitié d'un *daikon*.

Lors de mes recherches pour un ouvrage sur sainte Claire d'Assise, je suis tombée sur une histoire similaire. À force de jeûner, Claire avait tellement maigri qu'elle ne tenait plus sur ses jambes. À la longue, elles ont fini par être paralysées. Et si elle aussi avait été frappée par le béribéri ? Possible. De nombreuses personnes en souffraient au Moyen Âge. Personne ne mesurait l'importance des vitamines. Le béribéri et le scorbut étaient des maladies endémiques, sauf qu'on n'avait pas encore mis de nom dessus. Rien n'empêche de croire que Claire en ait souffert. Le fait est qu'elle était assise sur un matelas en crin posé à même le sol et qu'elle cousait, exactement comme ma mère au camp. La différence ? Claire avait choisi de souffrir par amour pour le Christ, ma mère s'y était résignée par haine du racisme. Voilà pourquoi Claire est devenue une sainte et ma mère, une ancienne détenue, rien de plus.

Claire avait décrété que les animaux n'auraient pas leur place au couvent. Alors pas de poules pondeuses, pas de porcs ni de brebis, contrairement à ce qui se faisait ailleurs pour fournir de la viande ou des œufs aux religieuses. Claire était une femme sévère. Elle avait fait vœu de pauvreté, on devait manger ce qu'apportaient les paysans et rien d'autre : un peu de pain, de la chicorée, quelques légumes-racines. Et quand les paysans n'apportaient rien, on jeûnait. Le problème, c'est que de grosses souris commencèrent à circuler dans le monastère.

C'étaient des souris aussi voraces qu'agressives. Lorsqu'on les prenait sur le fait et qu'on les traquait, elles se rebiffaient et pouvaient même mordre. Au bout du compte, Claire décida de faire une exception et d'adopter un gros chat qui se révéla un redoutable chasseur. Avec lui, les rongeurs devinrent plus prudents et partirent ailleurs.

On raconte qu'un jour où Claire cousait, assise comme à son habitude sur son matelas et adossée au mur en pierre, elle s'aperçut qu'elle n'avait plus de fil et appela tout haut ses consœurs. Mais c'était l'heure de la messe et il n'y avait personne pour l'entendre. Alors elle se tourna vers le chat du couvent et le pria d'aller chercher du fil. L'animal leva sa queue poilue, comme pour acquiescer, se dirigea lentement vers la pièce d'à côté et en revint avec la bobine dans la gueule.

C'est l'un des miracles attribués à sainte Claire d'Assise.

14

J'en reviens à notre camp. Un jour, on a découvert que la clé de la petite valise du vieux diplomate réussissait à ouvrir le cadenas de la « chapelle ». Certains ont crié au miracle. Mais comment et quand s'y rendre sans se faire repérer ? Et qui comptait se sacrifier pour tenter cette prouesse ? En cas d'échec, ce serait l'exécution assurée. Mon père, Bino et Bencivenni se sont proposés. Fosco ferait le guet avec un balai. Si d'aventure Kasuya ou un autre gardien sortait, il feindrait de chasser un rat : de gros rongeurs rôdaient dans les parages, prêts à toutes les ruses pour accéder à la nourriture. Les deux autres entreraient dans le local et rempliraient de riz des sacs cousus par ma mère. Mais pas en trop grande quantité, sans quoi nos geôliers s'en rendraient compte et nous imposeraient d'autres restrictions pour nous punir. On devrait donc rivaliser d'habileté et veiller à ne pas se faire repérer ; il faudrait agir dans le silence le plus absolu, en rasant les murs, pieds nus.

Une fois, s'amusait à raconter Topazia, nos camarades ont rempli un petit sac de haricots secs qu'ils ont caché sous le toit, dans un recoin à l'abri des regards. Mais le lendemain, ils l'ont percé en le sortant et les haricots ont commencé à rebondir joyeusement sur le sol. Bino et Bencivenni se sont empressés de redescendre. Fosco les attendait, paralysé par la terreur. C'étaient surtout les détenus qui avaient entendu le bruit : les gardes avaient allumé la radio et la voix d'un présentateur qui parlait de la guerre avait couvert la cascade de haricots. La faim aiguisait l'intelligence, mais dans le même temps elle incitait à prendre des risques de plus en plus grands.

Au cours des vifs débats philosophiques de la première année, quelqu'un avait objecté qu'il était interdit de voler. Mais, comme l'écrit Primo Levi, dérober pour survivre, surtout à ceux qui faisaient main basse sur ce qui revenait légitimement aux voleurs, n'avait rien de répréhensible aux yeux de jeunes gens honnêtes. « Si on nous avait laissé parler, nous aurions fait valoir nos droits, mais vers qui se tourner ? » dit ma mère dans le livre de Toni. Les visites de gens susceptibles de nous aider n'avaient rien donné. Ces jours-là, on nous gratifiait de quelques *gō* de riz supplémentaires, mais dès le lendemain c'était le retour à la misère habituelle. Manifestement, nos gardiens ne souhaitaient pas déroger à leur règle, à savoir nous donner le strict nécessaire pour survivre, pas davantage. Mais quand les maladies et les parasites se multiplient, quand le corps devient toujours plus faible et vulnérable, une bronchite ou n'importe quel autre virus peut vous faire passer de vie à trépas.

« Suivant cette logique, nous étions censés souffrir mais non mourir », raconte Topazia dans son entretien avec ma sœur Toni. L'humiliation et la souffrance constituaient notre pain quotidien. Nous étions à un cheveu de la mort mais obligés de rester en vie jusqu'à la fin de la guerre, que nos geôliers prévoyaient victorieuse. Alors seulement, ils seraient libres de nous tuer. Ils nous le répétaient souvent : « Nous vous trancherons la gorge ! » Ou bien : « Nous vous fusillerons, sales traîtres ! »

Je vivais dans la terreur. Les Japonais allaient-ils gagner la guerre ou la perdre ? Je l'ignorais. Pour ne pas nous décourager, mon père évoquait souvent une victoire finale des forces démocratiques contre la tyrannie du racisme. Mais je me rendais bien compte qu'il essayait simplement de nous tranquilliser, et les paroles de Kasuya ou de son ami le Salopard étaient comme de lourds rochers suspendus au-dessus de nos têtes. Mon imagination galopait et je voyais déjà mes sœurs égorgées. Aussitôt après, ce serait mon tour et celui de mes parents. Nous passer par les armes aurait certes été plus rapide et moins douloureux. Je plaquais mes mains tremblantes et amaigries sur ma poitrine pour maîtriser l'agitation d'un cœur qui palpitait sans retenue.

Parfois, un docteur mandaté par le ministère venait au camp. Il nous examinait sommairement et notait que nous étions quelque peu diminués, mais il mettait notre état sur le compte des bombardements. Il prescrivait un traitement à base de vitamines et de protéines. Le temps d'une journée, les policiers nous donnaient par exemple un œuf à partager en dix-huit puis s'en lavaient les mains. Comment ces idiots d'Italiens, ces traîtres à leur patrie, pouvaient-ils exiger quoi que ce soit ?

Je rappelle que la ration par personne et par jour était de cent trente grammes de riz sec. On y ajoutait de temps en temps un peu de miso, bouillon à base de soja. Au lieu du riz, on avait parfois droit à des nouilles : douze par personne, sauf pour mes sœurs et moi. Là encore, chacun devait céder un peu de sa part pour que nous puissions manger. Ce qui en faisait râler plus d'un. « Nous ramollissions ces nouilles dans de l'eau bouillante pour en faire une bouillie qui tenait bien au ventre », explique ma mère à Toni.

« Un jour, on nous a procuré un mélange de farine et de son qui, une fois cuit, est devenu une sorte de pâte. Toi, Tonina, tu n'arrêtais pas de pleurer en criant “J'ai faim !” et on m'ordonnait de te faire taire. C'était horrible. Une fois, un policier m'a giflée parce que je voulais vous donner ma part, puis il l'a jetée par la fenêtre. »

Je me souviens de m'être empressée de la récupérer sur le sol de la cour, mais le Salopard m'a devancée. D'un coup de talon rageur, il l'a écrasée avant de cracher par terre.

C'est quand la faim a commencé à provoquer des maladies que les hommes les plus jeunes ont cessé de fouiller dans les poubelles et tenté de se ravitailler dans la « chapelle ». Avant l'apparition de la clé miraculeuse, nous nous contentions de restes de nourriture mélangés à des cheveux, à des mouchoirs sales, à des fonds de thé que nous faisions bouillir pour obtenir du rab. Mais comment préférer ça à du riz sec proprement et joliment emballé dans des sacs de jute ? Ou bien à des œufs alignés dans des boîtes en carton, à des carottes disposées les unes à côtés des autres, à des pommes éparpillées sur une natte de paille, à du thon en conserve ? On ne pouvait toutefois puiser que rarement dans ce butin, car les gardes étaient toujours sur le qui-vive et tenaient le couloir à l'œil. Il fallait agir pendant leurs repas, tandis qu'ils discutaient entre eux ou qu'ils écoutaient la radio, ce qui les distrayait. Nos trois voleurs étaient si habiles qu'ils ne se sont jamais fait prendre.

« On a également mené des expériences avec les herbes sauvages et les fleurs », précise ma mère. Je me rappelle que Toni s'est intoxiquée en mangeant des azalées. Mais cela remonte peut-être à plus tard, après notre retour en Italie. Les habitudes sont difficiles à perdre. Ma sœur avait pris celle de manger des fleurs. Moi, dans mon tiroir, entre mes sous-vêtements, je mettais de côté des bouts de gâteau ou quelques pincées de sucre enveloppées dans un mouchoir. J'étais incapable de jeter quoi que ce soit, et gaspiller de la nourriture me fait encore mal au cœur.

Et puis un jour, au camp, des champignons ont poussé sur les bords de la cour. « Les policiers nous ont laissé les ramasser en riant », rapporte Topazia. Ces ricanements auraient dû nous retenir. Mais nous étions tellement tenaillés par la faim ! Après en avoir fait goûter un petit morceau à un volontaire, nous n'avons noté aucun signe d'empoisonnement et nous les avons dévorés. Ces champignons n'étaient pas vénéneux, il est vrai, mais ils avaient un effet laxatif. Deux jours durant, nous avons tous été victimes d'une dysenterie qui nous a encore plus épuisés que nous ne l'étions déjà.

« En d'autres occasions, Fosco a pu capturer des couleuvres, raconte ma mère à Toni. Après les avoir tuées, il les dépeçait et ne vous les donnait à manger que sous forme de filets. » Je me souviens bien de ces filets de couleuvre dégoûtants, parfaitement insipides mais qui traînaient une odeur d'herbe moisie. Je les avalais en me bouchant le nez. « Notre expert, poursuit Topazia, était le biologiste Ernesto Salvatore, de Naples. Il essayait d'estimer combien de temps encore nous pourrions résister dans de telles conditions, et comment. Il donnait des conseils clairs et précieux sur le minimum de calories nécessaires à la survie. Il nous prenait le pouls et faisait calculs sur calculs. Les épluchures de pommes de terre et de mandarines qu'on trouvait dans les ordures étaient très convoitées parce qu'elles contenaient de la vitamine C. »

15

Profitant du fait que j'étais petite et que les gardes ne prêtaient guère attention à mes faits et gestes, je me glissais sous le fil barbelé et j'allais aider les paysans du coin dans l'élevage des vers à soie ou la cueillette des légumes. Après quoi, ils m'offraient deux pommes de terre ou des tomates que je rapportais triomphalement au camp pour les partager avec mes sœurs, mes parents et les autres prisonniers. Telle était la règle qui nous maintenait unis : tout ce qu'on dénichait en petite quantité était partagé en cinq. S'il y avait davantage, on le divisait en dix-huit.

Par ailleurs, chaque décision était prise par l'ensemble du groupe, de manière démocratique, au moyen d'un vote. La majorité l'emportait et les autres s'en tenaient au choix du plus grand nombre, sans protester. C'est seulement vers la fin de notre détention, après que les bombardements, les maladies, les tremblements de terre et le béribéri nous eurent plongés dans un état de fatigue et de nervosité extrêmes, que nous avons cessé de tout partager.

Chacun raflait ce qu'il pouvait et mangeait seul, parfois en cachette.

L'égoïsme l'a emporté sur la solidarité. Pas définitivement, et c'est heureux ; car lorsque les gardiens ont déguerpi et que les Américains ont commencé à larguer d'énormes quantités de nourriture par avion, on a vu renaître le désir de démocratie, l'esprit d'entraide et la fierté collective.

Je me rappelle encore la fois où Kasuya m'a surprise en train de ramper sous le fil barbelé. Il a immédiatement appelé mes parents pour leur faire une scène. « Le chef des policiers avait sorti son sabre et, pendant qu'il hurlait à la figure de Fosco, il tenait la longue lame sous sa gorge. Nous étions terrorisés, mais nous n'avons pas bougé d'un cil, comme nous l'avait enseigné Weilschott » raconte ma mère. J'avais moi aussi assisté aux leçons du vieil homme : ne jamais gesticuler, ne jamais tourner le dos à nos geôliers ni se mettre à parler à voix haute. « Ils prendraient ça pour une provocation et risqueraient de te tuer. »

M. Weilschott se trouvait au camp parce que Juif. « Il était d'une culture et d'une intelligence remarquables, c'était un caractère bien trempé, témoigne Topazia. Il connaissait les arcanes asiatiques de la guerre et la mentalité japonaise. Il nous a souvent aidés à comprendre de quoi il retournait. [...] Il commentait l'évolution géopolitique du conflit mais aussi ce qui se passait au sein de notre communauté. Il nous exhortait à ne jamais perdre notre calme devant les policiers, à ne pas réagir à leurs vexations, à leurs insultes. » Il était marié à une Japonaise qui, au début, avait eu l'autorisation de lui apporter de la nourriture. Puis on avait prohibé les visites, alors le pauvre professeur avait commencé à dépérir et ses jambes s'étaient mises à gonfler à cause des œdèmes dus au béribéri.

« Il a toujours été généreux avec vous, les petites, confie ma mère à Toni. En 1943, sa femme vous a même apporté des cadeaux pour Noël. » Quand on a interdit à Weilschott de la voir, il a été obligé, comme nous, de fouiller dans les ordures et de jouer les guetteurs pour profiter des quelques *gō* de riz volés dans la « chapelle ». On l'appelait *Inchō-san*, « chef ». Parce qu'il était le plus âgé. « Mais en tant que chef, dit encore Topazia, on lui faisait subir les pires injustices. Il recevait par exemple des lettres que les gardes laissaient bien en évidence dans leur guérite, sans les lui remettre. Cela lui arrachait des larmes de désespoir. »

Au bout d'un moment, la frustration d'être coupé de tout a fini par nous rendre ingénieux. Comme l'a expliqué ma mère, « Bino et Villa – un autre jeune prisonnier plein d'audace – profitaient de ce que les policiers allaient se débarbouiller le soir pour écouter les nouvelles à la radio restée allumée dans leur local. » C'est ainsi qu'on a compris que l'ennemi était en train de perdre la guerre et que les troupes alliées avançaient. Mais pas le temps pour les détails. On volait ces bribes d'informations aussi discrètement qu'on se faufilait dans la « chapelle » pour subtiliser des sacs de riz et de haricots, quelques fruits et des pommes de terre.

Une fois par semaine, on prenait notre bain dans la seule pièce recouverte de plancher. Au centre, un grand baquet en bois, rond. Pour se laver, il fallait respecter la hiérarchie japonaise : d'abord les gardiens, puis les hommes, puis la seule femme du camp, ma mère, et pour finir les trois fillettes. Mes sœurs et moi devions nous tremper dans une eau tiède et sale. Les enfants auraient dû avoir la priorité, avait osé dire mon père : on lui avait répondu que c'étaient les règles et qu'il fallait obéir. Je me souviens qu'un jour Toni est tombée à la renverse dans cette eau trouble et qu'elle a failli se noyer ; une fois encore, ma mère l'a sauvée d'un simple geste, rapide et précis, puis elle l'a consolée en lui narrant une fable.

La voix de Topazia était claire et profonde. Malgré le béribéri et le scorbut qui gonflaient ses jambes, qui faisaient tomber ses cheveux et saigner ses gencives, raconter des histoires la faisait entrer dans un jeu magique qui la transfigurait. Nous n'avions plus qu'à l'écouter, muettes et ensorcelées. Quand c'était terminé, nous insistions pour qu'elle recommence du début. Sa voix avait le pouvoir de nous emmener loin du camp, dans des pays extraordinaires, au milieu de gens qui pouvaient courir, manger, aimer, danser, dormir en paix.

Je me souviens de la fable du roi dont le jardin abritait un arbre aux pommes d'or. Quand quelqu'un dérobait ces précieux fruits, cela tournait au roman policier. On cherchait le voleur qui, finalement, se révélait être un oiseau frappé par un sortilège. Dans une autre fable, il était question d'une petite fille qui plantait un haricot. Ce haricot poussait, poussait, au point de devenir une plante gigantesque que la gamine décidait d'escalader. Au bout d'une longue ascension, elle arrivait dans un monde fabuleux au milieu des nuages, avec des arbres chargés de fruits, des fleuves remplis de poissons, des vaches qui donnaient du lait à profusion et des poules qui pondaient des œufs tout blancs à la forme parfaite.

« Encore, maman, s'il te plaît ! Allez, raconte ! » Mais Topazia voulait qu'on dorme, car le matin Kasuya nous faisait lever à six heures. Pour nous bercer, elle entonnait le chœur à bouche fermée de *Madame Butterfly*. Aujourd'hui encore, dès que je chantonne cette mélodie, l'émotion me gagne. C'était une mère aux ressources innombrables, je ne peux pas croire qu'elle ne soit plus là. Mon cœur est désormais devenu un petit cimetière : ma sœur Yuki, mon père, ma mère, ils sont partis pour toujours. Je serais heureuse qu'ils soient tout proches, comme le veut la tradition japonaise, prêts à intervenir pour réparer les inepties des vivants, prêts à donner de bons conseils, à rire quand on a envie de pleurer, à souffler des mots apaisants quand on aimerait hurler notre colère à la face du monde. Mais j'en doute. Connaître l'univers, dans la mesure de nos possibilités, nous conduit à nous poser toujours plus de questions au lieu de nous bercer de certitudes. Où va la Terre qui roule dans le cosmos parmi des millions d'étoiles constituées de minéraux qui se transforment, prennent feu, fondent, explosent, créent des trous noirs ? Où va l'univers, et pourquoi ? Qu'est-ce que le temps ? Est-ce nous qui le créons grâce à cette belle et émouvante invention qu'est l'horloge ou bien existe-t-il vraiment ? Qu'est-ce que la réalité et pourquoi sommes-nous incapables de la comprendre ? Qu'est-ce que l'être humain et quels rapports entretient-il avec le passé et le futur ? Quelle attitude devons-nous adopter avec les animaux, qui existaient bien avant les *sapiens* et font partie de ce monde ? Tant de questions auxquelles je ne saurais répondre. La seule liberté qu'on ait est peut-être celle du rêve : nous aimerions que nos chers disparus ne soient jamais loin, qu'ils se parlent entre eux et que, même transformés en racines, en feuilles et en fleurs, ils aient le pouvoir de se glisser dans nos souffles et dans nos plus beaux rêves.

Où sont-ils partis ? me répète une petite voix d'enfant au fond de mon âme. Et si les miens se promenaient gaiement au milieu de ces nuages que découvre la fillette de la fable en escaladant le haricot géant ? Ce serait si bien ! Je vois le visage de mon père se fendre d'un sourire malicieux pour m'expliquer : « Penser que nous sommes immortels est d'une présomption grotesque. Après notre mort, quelque chose de nous passe dans les plantes, dans la terre, mais ensuite tout se dissout et il ne reste plus rien. »

« Mais papa, Okāchan disait que quand on meurt on renaît dans un autre corps ! Ce n'est pas vrai ?

– Si seulement, ma petite ! Ce serait trop beau ! Nous avons une fin, comme tout le reste. Mais le monde continue, lui, avec ses saisons, ses jours et ses nuits, ses beautés et ses laideurs, et cela doit nous réjouir.

– Et le monde, il durera toujours ?

– Non, mon trésor. Le monde finira quand le Soleil cessera de brûler. Alors le monde se recroquevillera, il se transformera en une petite boule gelée et il roulera dans l'univers jusqu'à ce qu'il disparaisse. Mais ne t'inquiète pas, ça n'arrivera que dans plusieurs millions d'années. »

Cette histoire d'un monde réduit à l'état de boule ratatinée et perdue dans le cosmos m'angoissait. Fosco avait beau dire que cela ne se produirait pas avant très longtemps, j'en avais l'estomac noué. Je le savais fin connaisseur des lois de l'univers, mais j'aimais m'imaginer renaître sous la forme d'un chat ou d'un petit éléphant.

« Qu'est-ce que tu racontes, papa ? Tu es sûr que ce n'est pas possible ?

– Si tu aimes penser que si, fais-le ! À chacun ses fantasmes. Maintenant, le temps te semble long, mais par la suite il va raccourcir, au fur et à mesure que tu grandiras, et une fois que tu seras vieille il te paraîtra très court. En réalité, le temps n'existe pas, ma petite fille. »

Et c'est vrai qu'en vieillissant je me suis aperçue que le temps est une création de l'être humain, poignante de tendresse. Nous avons inventé cette chose poétique et émouvante qu'est l'horloge pour nous consoler en comptant les heures, les minutes qui nous rassurent sur le temps qui passe, de manière ordonnée et régulière. Alors que le temps n'est que chaos ; il n'a ni commencement ni fin, il tourne vertigineusement comme tournent les corps célestes dans le cosmos. Enfant, déjà, je me demandais pourquoi les étoiles, les soleils tourbillonnent sans relâche dans l'espace. J'interrogeais mon père, mais il n'avait pas la réponse.

On dit que l'univers est né d'un Big Bang, c'est-à-dire d'une explosion hors normes, et que les débris de cette explosion le traversent, mais ce n'est qu'une partie de l'explication. Et puis, avant le Big Bang il y avait quoi ? Quant à savoir d'où vient la matière et ce qu'est l'univers, nul n'en est capable.

« Nous donnons un nom à ce mystère, nous le partageons et nous le calculons, nous l'attribuons à un Dieu créateur, et pourtant nos douces explications n'expriment qu'un sentiment et aucune certitude », murmurait mon père d'une voix minée par la faim. Mais alors, reprenais-je sans cesser de ruminer, par rapport au temps de l'univers nous ne sommes donc que des moucherons dont la vie ne dure que quelques minutes ? Sauf que le moucheron découpe le temps de sa vie éphémère, lui aussi. En le sectionnant et en l'étirant, il a l'impression de vivre longtemps. Nous-mêmes, nous nous berçons de cette illusion, alors qu'en réalité la vie ne dure qu'un instant ; et sitôt que nous levons la tête pour regarder les étoiles, nous sommes déjà morts. Pas vrai, papa ?

À ce moment de notre discussion sur le temps, ma mère intervenait pour reprocher à Fosco de nous chagriner avec sa vision du monde rationnelle et austère. « Laisse-les dans leurs illusions », disait-elle, sans se rendre compte que ces idées paternelles étaient comme des graines semées dans la terre fraîche, qu'elles germeraient des années plus tard sous la forme d'une pensée éclairée, rigoureuse et sereine. En découvrant la parole de Socrate, j'y ai retrouvé les réflexions de mon père. C'est tout sauf un hasard si, comme le racontait Topazia, lui et mon grand-père Enrico s'étaient tout de suite entendus en parlant des discours de Bouddha. Quand nous l'observons bien, le monde est un théâtre prenant et attachant, mais, une fois que les acteurs ont disparu et qu'on a démonté le décor, que reste-t-il ? Un rêve ? Un jeu d'ombres ?

16

Quand, à treize ans, j'ai été enfermée dans un pensionnat de Florence, je me suis sentie seule et prisonnière. Alors j'ai découvert le Christ et ses paroles pleines de sagesse et de générosité. J'avais un petit crucifix en bois posé sur mon oreiller, je l'embrassais avant de dormir. J'avais construit un autel miniature sur mon bureau. À côté de mes livres se trouvait une adorable Vierge à l'Enfant. Tout doucement, du bout des lèvres, je m'adressais à elle. Je ne savais encore rien de l'histoire de l'Église catholique et des horreurs commises au nom de ce Christ qui avait parlé, en vain, d'amour et de pardon.

« Fais que mon père renonce à ses idées d'hérétique. Fais qu'il prenne conscience de ton existence et de ton supplice sur la croix, même si je préférerais te prier pendant que tu marches miraculeusement sur les eaux du lac de Tibériade au lieu de serrer ton corps martyrisé par les clous. Fais que mon père accepte la merveilleuse nouvelle d'un Dieu créateur. Alors le monde deviendra éternel et, malgré sa dureté, aura confiance dans l'avenir de l'humanité. »

L'univers ne peut pas être aussi inhumain, me disais-je durant mes nuits d'insomnie ; notre monde merveilleux ne peut pas être pareil à tous les autres corps célestes, animé par l'éclat du soleil, embelli par la caresse de la lune mais destiné, quand le soleil aura fini de brûler, à se muer en une boule ratatinée bientôt engloutie par le cosmos. « Dis-lui qu'il se trompe – c'est au jeune Christ que je m'adressais –, dis-lui que cette Terre est immuable, fertile et éternelle, que nous sommes des créatures de Dieu tout-puissant, que notre âme ne mourra jamais et que nous serons jugés pour nos vices et nos vertus. Que la mort n'est qu'un passage permettant d'entrer au Paradis d'un pas léger, les pieds nus, pour être à côté de toi et de ton Père. »

J'étais certaine que le Christ m'écoutait. Je l'aimais de tout mon cœur, autant que j'aimais son Père, si doux. Je ne m'étonnais même pas que la mère ait été oubliée. Pourquoi le triangle divin était-il constitué d'un père, d'un fils et d'un Saint-Esprit ? Pourquoi le récit sacré disait-il que la femme est née de l'homme, et non l'inverse ? L'un et l'autre m'apportaient des certitudes plutôt que des doutes, pourtant. En mon for intérieur, je reprochais à Fosco sa vision rationnelle et scientifique. Je pensais secrètement le convertir à force d'amour et de dévouement. Il comprendra, me disais-je, il comprendra qu'il se trompe quand il sentira la force de ma foi, qui vibre en moi comme un papillon aux ailes à la fois délicates et puissantes. Seulement, mon père ne s'est jamais converti et j'ai perdu ces certitudes qui me donnaient tant d'assurance.

Ma mère était laïque elle aussi. Mais elle ne parlait pas de l'univers, des étoiles qui naissent et meurent, du Soleil qui finira de brûler et de la Terre qui, une fois morte, deviendra une boule noire vouée à disparaître dans le néant. Elle vivait à travers la magie des récits. Telle une Shéhérazade des années 1940, elle défiait la mort par la narration. « Tu me racontes une histoire, maman ? » Et elle, toujours une aiguille à la main, ses grands yeux d'un bleu magnifique rivés sur son ouvrage, se mettait à raconter : « Il était une fois un roi qui avait trois filles. Désireux d'abdiquer, il décide de leur offrir des contrées aussi vastes que l'amour qu'elles sont prêtes à lui témoigner. Les deux plus grandes l'adulent mais n'ont aucun scrupule à en rajouter. La plus jeune, Cordélia, refuse de se plier à ce concours de faux-semblants et dit simplement qu'elle aime son père, sans flagornerie ni mensonge, parce que sa future récompense l'indiffère. Elle tient à lui, c'est vrai, mais, pourquoi jouer le rôle de la fille parfaite ? Surtout si cet amour se résume à de belles paroles. "Soufflez, vents, à crever vos joues ! Faites rage, soufflez !" » répétait ma mère en se remémorant la tirade du roi Lear.

Et alors, maman ? Il se passe quoi, ensuite ? Elle continuait : « Tandis que les deux aînées font assaut de déclarations enflammées, Cordélia continue d'affirmer que ce sont les actes qui comptent, pas les mots. Révulsé par le ton si peu flatteur de sa cadette, le roi décide, à contrecœur, certes, d'envoyer l'ingrate en exil. Elle part pour la France, où elle épouse un roi charmé par son cœur sincère et franc. »

Puis, au grand dam de ses enfants pendues à ses lèvres, Topazia ajoutait :

« Maintenant, allons cuisiner le peu de riz qu'on nous a donné !

– Et les deux filles aînées, elles font quoi ?

– Je vous raconterai la fin de l'histoire après manger, pendant que vous écraserez les puces. En avant ! »

Les derniers temps, à mesure que les défaites du Japon devenaient de plus en plus cuisantes, les rations diminuaient. On avait fait une croix sur la « chapelle », c'était devenu trop dangereux. Kasuya avait les nerfs à fleur de peau et pour une broutille il menaçait de diminuer encore la quantité de riz. Fujita avait toujours les yeux injectés de sang et criait pour un oui ou pour un non. Puis il dégainait son sabre et le pointait vers le premier détenu qui lui tombait sous la main. De mon côté, j'avais arrêté de franchir les barbelés pour aller gagner une pomme de terre ou un œuf auprès des paysans. Ils étaient las de cette guerre et nous regardaient avec sympathie, mais eux aussi avaient peur des gardes et de leurs réactions inconsidérées.

Pourquoi un militaire se sentait-il en devoir de grogner ? C'étaient de vrais rugissements de lion furieux qui intimide sa proie avant de se jeter sur elle. Je connaissais cet animal grâce aux illustrations de nos livres de contes et j'admirais leur énorme tête poilue qui ouvre en grand la gueule pour hurler leur soif de sang. Mais dans la bouche de ce policier, on aurait dit un animal de zoo imité par un acteur sans grand talent. Il y avait pourtant de quoi frémir. Fujita n'aurait sans doute jamais transpercé l'un d'entre nous avec ce sabre de parade que tout bon soldat se devait d'arborer. Mais le sentir appuyé contre soi suffisait à vous plonger dans un mélange de panique et d'effroi.

Il nous a fallu bien du temps – ou du moins il a fallu bien du temps à l'enfant prisonnière que j'étais – pour comprendre ce que Ruth Benedict appelle le « langage de courtoisie ».

Face aux paroles autoritaires des représentants du Divin Empire, il n'y avait pas d'autre choix que de s'incliner, sous peine d'être puni. On n'en attendait pas moins de ces Italiens cultivés qui connaissaient la culture japonaise et ses coutumes. « Ce type de conduite, écrit Ruth Benedict, est régi par des conventions précises ; il ne suffit pas de savoir devant qui on doit s'incliner mais aussi jusqu'où. Telle révérence devant un hôte pourrait apparaître comme une insulte pour un autre invité ayant des rapports légèrement différents avec la personne qui reçoit. [...] Même si elles sont importantes, ce ne sont pas seulement les différences de classes qu'il faut marquer par une conduite appropriée ; le sexe, l'âge, les liens familiaux et les rapports antérieurs entre deux personnes entrent aussi en ligne de compte dans les indispensables dosages. »

« Un civil, dit encore l'anthropologue, peut entretenir des contacts familiers avec un autre civil sans avoir à le saluer ; mais si le premier vient à porter un uniforme, son ami doit le faire. » Et de poursuivre : « Au Japon, c'est dans la famille qu'on assimile les règles strictes du respect. À l'époque où la mère porte encore son enfant dans le dos, elle lui fait baisser la tête avec la main ; et lorsqu'il commence à marcher, il apprend d'abord les marques de respect envers son père ou son frère aîné. La femme s'incline devant son mari, l'enfant devant son père, un garçon devant ses frères plus âgés et une fille devant tous ses frères, quel que soit leur âge. »

Nos gardes exigeaient qu'à chaque fois qu'ils prenaient la parole nous nous inclinions pour montrer que nous reconnaissions leur autorité. C'était partir du principe que tout le monde parlait japonais et que tout le monde connaissait les règles du comportement social. Il arrivait néanmoins que les hommes – les plus jeunes, surtout – oublient de faire cette courbette ou qu'ils l'esquissent à peine. Alors le policier de service piquait une colère et menaçait de laisser jeûner le paria. Rien ne terrorisait autant les détenus que la diminution de la ration de riz. Il valait mieux écoper sur-le-champ de plusieurs coups de bâton plutôt que de recevoir un demi-*gō* de riz au lieu d'un *gō* entier ou bien huit nouilles au lieu de douze. Et pour cause : ces douze fils devaient servir au déjeuner *et* au dîner.

Et aujourd'hui ? Pouvons-nous encore parler d'un langage japonais du respect ? Je cite Fosco : « En dehors des cours universitaires spécialisés, on peut dire que le confucianisme est mort et enterré dans le Japon actuel. Mais cela ne veut pas dire grand-chose. En Chine et en Corée, où des siècles durant il a régné sans partage sur le monde intellectuel et politique, il semble n'être qu'un souvenir. Tous ces pays possèdent néanmoins un héritage confucéen très fort, invisible et omniprésent. Celui-ci se traduit par la prééminence absolue de certaines valeurs idéales et morales mais s'exprime aussi à travers des us et costumes qui sont partie intégrante de la vie quotidienne. » « Au Japon, écrit encore mon père, des concepts utilisés au quotidien, comme le *giri* (l'obligation morale, le devoir), le *gimu* (un synonyme, mais au sens plus général), le *on* (la dette de gratitude), le *jin* (la bienveillance), le *reigi* (la courtoisie, l'étiquette, les formalités, les bonnes manières) et tant d'autres, sont encore solidement ancrés dans l'héritage confucéen. »

17

Le bâtiment où nous logions à Tempaku avait été mis à rude épreuve par le séisme dévastateur de décembre 1944 et les bombardements incessants. Les fenêtres, dont les vitres avaient éclaté, fermaient mal et les sols avaient gonflé. Un jour, Kasuya nous a prévenus qu'on allait nous transférer, cet endroit n'étant plus vivable. Mais nous transférer où ? On a refusé de nous le dire, naturellement. Et puis un matin, un camion s'est présenté, nous y avons été chargés comme un troupeau de moutons et nous sommes partis.

Ma mère a raconté que lorsque le véhicule s'était arrêté en pleine campagne, au nord de Nagoya, dans la région de Koromo, la beauté du paysage nous avait sidérés. Aucune caserne dans les parages ni aucun terrain de tennis. Il n'y avait qu'un temple bouddhiste du XIVe siècle, reconstruit au XVIIe. Il s'appelait Kosai-ji et telle était notre destination. Kosai-ji, le « sanctuaire de la vaste sagesse », était perché au sommet d'une petite colline et entouré d'un jardin bien entretenu et constellé de fleurs. Mon père écrit : « Sitôt franchi le premier portail (ombragé et couvert de mousse, comme dans les temples les plus beaux et emblématiques de Kyoto), on remontait une longue volée de marches, flanquée de deux enfilades d'érables du Japon dont venaient tout juste d'éclore les premières feuilles, le *shin-ryoku*, le "vert neuf". »

Fosco était enthousiaste. Topazia un peu moins : aurions-nous de quoi manger dans ce merveilleux écrin ? Mon père était trop heureux de ce nouveau refuge pour songer à son estomac vide. « En bas s'étendaient les rizières, disposées en terrasses irrégulières ; tout autour se dressait un cercle de collines boisées, rapporte-t-il. Çà et là, on voyait des fermes au toit de paille reliées les unes aux autres par de petits chemins qui évoluaient sans hâte ni trajet préétabli au milieu de la campagne. Ce qu'il y avait de plus enchanteur ? Ce lieu, cette tranquillité. Ce sentiment d'une civilisation ancestrale et recueillie, pareil à celui qu'on goûte en Toscane ou en Angleterre, dans les Cotswolds. »

On avait attribué aux Maraini une « quasi-pièce » derrière l'autel de Bouddha. Sur les portes coulissantes en bois ancien qui la fermaient, des oiseaux et des fleurs étaient peints. Les autres détenus étaient entassés dans des espaces minuscules recouverts de tatamis. Le temple était habité dans son aile sud par la famille du bonze en charge des lieux. Parmi ses petits-enfants figurait Keiko, qui ne tarderait pas à devenir ma grande amie. Une amie secrète, car tout échange entre les Japonais et les prisonniers politiques italiens était interdit.

Dans la secte sōtō, explique Fosco, les bonzes peuvent se marier et engendrer. L'abbé de notre sanctuaire était « un vieillard presque octogénaire qui se présentait généralement en *yukata*, un kimono d'été léger, et coiffé d'un grand chapeau de paille à larges bords. Il avait parfois des sautes d'humeur. Il vivait là avec sa femme, une adorable petite vieille qui n'y voyait pas très clair, sa fille, son fils adoptif, qui était aussi son gendre et son successeur, ainsi que les enfants et les adolescents de la troisième génération. »

Il était formellement défendu de parler avec les habitants du temple, j'ai trouvé le moyen de me lier avec Keiko, qui avait à peu près mon âge. Dès que nous sommes devenues amies, elle m'a fait comprendre que les bols de riz et de *tsukemono* qu'on laissait la nuit devant l'autel étaient en réalité un geste d'affection de la vieille abbesse envers les petites prisonnières. Les gardes ne devaient évidemment rien savoir. Mais chaque soir, je me glissais par la porte entrebâillée pour aller chercher ces cadeaux que je partageais ensuite avec mes sœurs.

La vie est devenue plus sereine, voire presque agréable. Fosco avait reçu la permission de promener notre chèvre dans les environs. « Chère biquette blanche, loufoque et capricieuse, comment t'oublier ? écrit-il. On nous l'avait remise au terme d'un discours prétentieux et ronflant : "Rappelez-vous qu'il s'agit d'une propriété du Gouvernement impérial nippon ! Alors servez-vous-en, mais ne lui infligez aucun mauvais traitement. Cette bête a un prix précis, une valeur sur le marché." » Elle était maigre et pas toujours commode. « Elle avait le poil blanc, dru et long, ainsi qu'une barbichette de gentleman bourru. Ses yeux étaient envahis de veines rougeâtres. Les petites s'étaient prises d'affection pour elle. »

En effet, je me souviens très bien de cette petite chèvre qui était devenue une camarade de jeu, une présence familière. Je me souviens du son de sa voix, suraiguë et colérique, de ses pattes agiles qu'elle plantait dans le sol quand elle refusait d'avancer. La traire n'était pas toujours facile, car elle s'agitait en donnant des coups de sabot. Mais moi et mes sœurs avions trouvé le moyen de la maintenir immobile : tandis que l'une la caressait pour la tranquilliser, une autre s'accroupissait pour presser ses mamelles gorgées de lait. Il est clair qu'elle avait besoin de manger de l'herbe pour en produire. Voilà pourquoi Fosco avait été autorisé à la promener. Les gardiens avaient davantage confiance en lui qu'en ses enfants.

Il en a profité pour nouer des liens avec les paysans, qui, en réalité, en avaient assez de la guerre. Ils n'aimaient pas nos geôliers et affichaient de la sympathie pour ces « pauvres prisonniers » à qui ils offraient souvent un œuf ou une poire. En tant que couturière de talent, Topazia était appréciée par les habitants des alentours. Ils avaient mis à sa disposition une machine à coudre qui lui permettait aussi de repriser les chemises des gardes contre du riz. Par ailleurs, Bino et Bencivenni avaient découvert juste derrière le temple une rangée de buissons dans lesquels se cachaient des couleuvres. Elles étaient capturées, tuées puis découpées en filets qu'on cuisait sur le feu.

La surveillance était devenue moins pressante. Il s'était même produit quelque chose d'incroyable : le terrible, l'inflexible Kasuya avait disparu. Celui qui l'avait remplacé jouait les durs mais se souciait peu d'être aux aguets, car il aimait dormir. On le surprenait souvent assoupi dans un recoin du temple, adossé à une colonne en bois peint, la bouche ouverte. Le commissariat central de Nagoya « avait perdu le nord et paniquait », note Fosco. L'annonce de défaites à répétition de l'Invincible Armée du Japon, sur mer et sur terre, avait plongé nos gardiens dans l'incertitude et le désarroi. Ils avaient renoncé au langage du mépris avec les détenus et nous laissaient libres de flâner autour du temple, même si les rations de riz restaient insuffisantes et si les denrées étaient régulièrement subtilisées.

Après les souffrances de Tempaku et la peur des bombes – les avions qu'on entendait désormais passer à haute altitude au-dessus de la campagne n'en larguaient pas sur nous –, le bonheur d'un bol de riz à partager en trois chaque soir avait rendu la joie de vivre aux petites filles que nous étions. Je continuais à jouer avec les pierres que mon imagination transformait en mets raffinés. Les douleurs liées au béribéri et au scorbut se faisaient moins insistantes, cependant. Je me souviens de la fois où je me suis gavée de kakis pourris qu'on avait mis au rebut. Cela ne m'a pas empêchée de les trouver délicieux. J'ai dû les engloutir en cachette, seule dans mon coin : on allait jeter dessus des seaux d'excréments et d'urine qui fertiliseraient la terre, il fallait faire vite. Personne ne voulait tenter l'aventure. Il faut dire que ces fruits sentaient atrocement mauvais. J'ai attrapé une dysenterie qui a duré des jours et des jours, mais qu'importe : j'étais heureuse d'en avoir mangé. La pourriture n'avait pas effacé l'arrière-goût sucré de la chair avariée.

Il avait suffi d'un petit supplément de nourriture pour faire renaître le sentiment collectif et démocratique. De nouveau, tout était soumis à la discussion puis au vote.

Chaque décision était prise après d'interminables débats. Des débats autour des idées et des principes que la faim, les séismes et les bombes avaient réduits au silence quand nous vivions au camp de Tempaku, presque à notre insu. À un certain niveau d'avilissement, l'être humain peut oublier les avancées faites au fil des siècles et se mettre à ressembler à une bête : le plus fort écrase le plus faible, chacun pense à sa petite survie et voit les autres non pas comme des alliés mais comme des rivaux qu'il faut donc craindre et évincer.

Au cours d'une de ces journées où nous étions pleins d'espoirs nouveaux et mieux nourris, notre tranquillité avait été troublée par l'arrivée de drôles de Japonais qu'on avait installés dans une cahute servant de remise. Bino, qui savait tout, nous avait appris qu'il s'agissait d'un baron tombé en disgrâce et rejeté par sa famille, car il était criblé de dettes. Il se trouvait là en compagnie de sa sœur et du fils de cette dernière. Tous trois passaient leur temps à s'étriper bruyamment, voire à s'empoigner par les cheveux. Ils vivaient dans la saleté et le désordre. Habitués comme ils l'étaient à leur condition d'aristocrates, avec des serviteurs pour tout faire à leur place, ils n'étaient pas capables de se tenir propres par eux-mêmes, disait ma mère. De fait, ils erraient tels des clochards crasseux et couverts de hardes. L'odeur de ces corps jamais lavés parvenait jusqu'au temple.

Et puis un jour, le vieux baron est mort. Nous avons été autorisés à assister à ses obsèques, dont je garde un souvenir précis. De nombreux paysans du coin avaient fait le déplacement ; tous étaient assis par terre, en train de prier. Nous étions nous aussi agenouillés dans le sanctuaire, comme c'est l'usage au Japon, quand soudain j'ai vu un long serpent noir s'échapper du cadavre du baron et ramper vers nous. Bizarre, ai-je pensé. Que fait-il au milieu d'un enterrement aussi suivi ? Lorsqu'il s'est retrouvé à un mètre de nous, j'ai compris qu'il ne s'agissait pas d'un serpent mais d'une cohorte de puces qui s'échappaient en masse de la dépouille du baron pour se diriger vers des corps vivants à sucer. Ce fut alors un sauve-qui-peut général. « Les prélats, les religieuses, l'abbé, les tuniques, les capes, les parasols sacrés, les rosaires, les encensoirs, les clochettes, les tambours : une véritable avalanche jaillit hors du temple et se répandit dans la cour, au milieu des ricanements moqueurs de la petite foule internationale. La cérémonie reprit à l'extérieur », raconte Fosco.

18

Un matin d'août, nous avons eu l'impression qu'il venait de se produire quelque chose de terrible : les gardes restaient obstinément muets, il n'y avait pas un seul travailleur dans les champs et l'air semblait figé en un silence mortel. Que s'était-il passé ? Le soir seulement, nous avons appris de la bouche d'un jeune paysan qu'on avait largué sur Hiroshima une bombe si puissante qu'elle avait fait des milliers et des milliers de morts ; la ville avait été rasée et d'innombrables blessés étaient à l'agonie. Le sentiment de solidarité qui caractérise les Japonais les avait poussés à se précipiter en nombre sur place, sans rien savoir de la *black rain* – les retombées radioactives sous forme de pluie noire. Dans les mois et les années à venir, ils mourraient de tumeurs trop graves pour êtes soignées. Mon père est formel : c'est à cause de ces explosions nucléaires que Yuki fut atteinte d'arthrite rhumatoïde. Elle était la plus fragile et vulnérable de la famille.

Plus tard, nous avons appris que la bombe d'Hiroshima avait fait près de 120000 morts le 6 août 1945, et celle de Nagasaki, 70 000. Mais si l'on ajoute les décès ultérieurs dus à l'exposition aux radiations, on atteint le chiffre monstrueux de 500 000 morts. La bombe d'Hiroshima avait été surnommée *Little Boy* (« Petit Gars ») et celle de Nagasaki *Fat Man* (« Gros Bonhomme »). Un crime de guerre, selon certains. Une décision ayant abrégé le conflit et évité une sanglante invasion terrestre, pour d'autres. Peut-être. Une chose est sûre : ce fut un déchirement, une tragédie atroce. Nous l'avons vécue en écoutant les témoignages des rares survivants qui fuyaient vers le nord.

Enola Gay, tel était le nom du bombardier B-29 Superfortress qui a largué la première bombe atomique de l'histoire. Aux commandes, le colonel Paul Tibbets. Enola Gay était le nom de sa mère. C'était la première fois qu'on utilisait une arme de destruction massive. Hiroshima hébergeait le quartier général de la 5e division. Quant à Nagasaki, c'était un port majeur. Étrangement, les Alliés avaient négligé le fait que cette seconde cible abritait une importante communauté chrétienne ainsi que de nombreux prisonniers de guerre.

Quelques jours après les deux explosions, et même si les militaires étaient d'avis de continuer la guerre jusqu'au dernier soldat, le sage empereur se prononça pour la reddition de son pays. Il voulait éviter d'autres victimes. À ce titre, il exprimait le sentiment majoritaire. Le bruit a couru qu'il ferait un discours à la radio, chose inouïe. Aucun empereur du Japon n'avait jamais parlé directement à la population. Il y avait toute une série de cérémonials et plusieurs intermédiaires censés s'exprimer en son nom. Mais la situation était grave et seule la parole du divin souverain pouvait rassurer le peuple et contraindre les réticents à se rendre. Sa parole était sacrée.

Et en effet, l'attente des Japonais fut récompensée par la belle voix d'Hirohito, apaisante et sereine. Mais sur le moment, personne n'a rien compris : il se servait d'une langue de cour ancestrale qui était tombée en désuétude. Le paradoxe, c'est qu'un occupant de notre camp était en mesure de saisir son message. Le professeur juif a ainsi traduit, à qui voulait les entendre, les mots du Grand et Divin Seigneur. Aussi les paysans ont-ils afflué pour qu'on les éclaire. Entre-temps, nous avons découvert que les gardiens avaient disparu sans demander leur reste. Fosco écrit que selon le code militaire ils avaient perdu la face deux fois : la première, devant ces bombes atomiques que personne n'avait vu venir ; la seconde, en se révélant incapables de comprendre les propos de l'auguste et divin souverain.

Qu'elle était douce, la liberté ! Malgré nos ventres remplis de vers, malgré les puces, malgré la maigreur et les conséquences du béribéri et du scorbut, on se sentait si heureux et légers qu'on n'arrêtait pas de sourire et de danser. Mes parents ayant découvert un petit cours d'eau aux abords du temple, ils allaient y pêcher des poissons mis ensuite à griller sur le feu. Puis, comme dit Fosco, ils ont « redécouvert les joies d'une étreinte conjugale dans l'herbe parfumée ». Après les silences et le sentiment de solitude qui les avaient tout à la fois rapprochés et éloignés, ainsi que le raconte Topazia, ils ont renoué avec ce désir de vie familiale et de tendresse qui avait été effacée par la peur, par les maladies, par la rancœur que tout le monde nourrissait contre tout le monde.

De nombreux paysans sont venus au camp désormais débarrassé des gardes pour demander ce que comptaient faire les soldats occidentaux. Ils étaient terrorisés. Beaucoup songeaient à se suicider. La propagande du régime nationaliste les avait convaincus que les Américains étaient des brutes assoiffées de vengeance et que, sitôt le pays occupé, ils massacreraient tous les hommes et réduiraient les femmes en esclavage. Fosco essayait de rassurer les gens, mais la peur l'emportait sur tout le reste. Il a fallu des mois et des mois de connaissance réciproque pour dépasser ces idées préconçues. Les mots du divin empereur ont fini par être assimilés. Il demandait à son peuple de se comporter dignement : pas de ressentiment, pas d'agressivité, le vainqueur devait être accueilli avec respect. Ce que ses sujets, pragmatiques et sensibles à ses propos, ont pris à la lettre. La preuve : il n'y a eu aucun acte de violence envers l'occupant. Fosco raconte qu'un jour, dans la capitale nippone, il a vu le général MacArthur sortir sans escorte d'un bâtiment et se diriger vers sa Jeep entre deux rangées de Tokyoïtes qui l'applaudissaient.

« La conception du souverain selon les Japonais se retrouve dans les îles du Pacifique », écrit Ruth Benedict. « Il est un chef sacré qui peut décider ou non de participer à l'exercice du pouvoir. » Et d'ajouter qu'autrefois, dans certaines tribus du Pacifique, le chef était si vénéré que même une cuillère ne devait pas toucher ses dents sacrées. « Quand il se rendait à l'étranger, il fallait le porter, car toute terre sur laquelle il posait le pied était ainsi sanctifiée et devait entrer dans ses possessions. » Personne ne pouvait lui toucher la tête et « ses paroles seules pouvaient être entendues par les dieux tribaux ». L'ethnologue américaine explique aussi que « la façon dont le système hiérarchique japonais était organisé dans la période féodale, du paria à l'empereur, a laissé une marque indélébile sur le Japon moderne. Après tout, le régime féodal n'a pris officiellement fin que dans le dernier tiers du XIXe siècle, et des traditions nationales très ancrées ne disparaissent pas en une génération ».

Bien avant notre emprisonnement, je m'étais moi aussi rendu compte de ce sentiment hiérarchique lors de mes promenades dans Kyoto avec Okāchan, la « maman » japonaise de mon enfance. Je voyais comment elle s'inclinait lorsqu'elle croisait une personne d'un rang plus élevé ; je prêtais l'oreille au ton de sa voix, suraiguë et décidée, quand elle prononçait le mot *hai*, qui veut dire « oui ». *Hai !* en réponse à ceux qui étaient en droit de commander, *Hai !* en réponse à ceux qui lui étaient supérieurs par la classe, le genre, le niveau d'études. Rien de servile, pourtant, dans ses exclamations. Derrière ses révérences et sa manière de pencher sa belle tête couverte de cheveux soigneusement regroupés en chignon, il y avait la reconnaissance sans heurts d'une hiérarchie acceptée pour la seule raison qu'elle assurait la paix sociale. C'était là un choix, pas une contrainte, aussi s'accompagnait-il d'une fierté empreinte de dignité qui excluait d'emblée toute forme de soumission.

« Les Japonais ont appris à associer cette hiérarchie méticuleusement établie aux notions de sauvegarde et de sécurité. » Je cite encore Benedict, qui a si bien su étudier et interpréter le pays dont elle s'était éprise. Tant qu'ils demeuraient dans les limites fixées par leur statut social, explique-t-elle, « ils pouvaient avoir confiance dans leur monde. Le banditisme avait été jugulé, les guerres civiles entre *daimyō* [seigneurs locaux] avaient cessé. Si des sujets arrivaient à prouver que d'autres avaient outrepassé leurs droits, ils pouvaient demander justice, ce que faisaient justement les fermiers quand ils étaient exploités. C'était parfois dangereux pour les individus, mais accepté ».

Fosco écrit qu'« aux yeux des Japonais, qui n'ont jamais montré le moindre goût, le moindre penchant pour les idées abstraites et les catégorisations trop nettes de l'esprit, le pragmatisme se pare d'une dimension mystique ; il érige en véritable sagesse l'adaptation instinctive à la respiration et à la pulsation du monde, la synchronisation abyssale du microcosme au macrocosme, même secrète et furtive ». Mon père en déduit que les faits ont toujours raison : la guerre est comme un sport extrême. « La victoire a montré votre supériorité, il serait stupide, sot et aveugle de ne pas l'accepter. »

19

La guerre était finie, mais personne ne venait nous chercher. On nous avait oubliés dans ces campagnes remplies de serpents et de mûriers pour l'élevage des vers à soie. Les gardes avaient disparu et nous étions libres de circuler dans les environs, mais Tokyo était loin et les routes avaient été éventrées par les bombardements. Que faire ? Pour l'heure, trouver de quoi manger nous accaparait tellement que cet abandon ne nous perturbait pas. Bino et Bencivenni, les grands amis de Fosco, partaient ensemble chasser le serpent et la grenouille. Notre vie était comme suspendue : nous étions libres mais encore prisonniers d'un endroit, d'un espace, sans savoir ce que nous devions faire de nous-mêmes.

Je me souviens qu'un jour une pluie torrentielle a été suivie par une invasion de minuscules grenouilles d'un vert très vif. Les hommes se sont empressés d'en capturer pour les faire cuire et les manger. Elles avaient bien meilleur goût que les serpents. J'en ai attrapé une moi-même et l'ai tenue bien serrée pendant que je courais. Puis je me suis arrêtée en l'entendant coasser tout doucement. J'ai ouvert les doigts, la grenouille est restée immobile dans le creux de ma main, tournée vers moi tandis que je la regardais fixement. Sa gorge palpitait, ses yeux écarquillés n'exprimaient que de la peur. Nous nous sommes comprises. Je me suis dit qu'elle se sentait aussi impuissante et angoissée que moi, alors je l'ai laissée partir après l'avoir posée délicatement dans l'herbe.

On trouvait des serpents partout dans cette magnifique campagne où s'étendaient des rizières. Une fois, les hommes du camp ont été appelés par les paysans d'une ferme des environs afin de mettre hors d'état de nuire un énorme reptile jaune. En l'espace d'une seule nuit, il avait englouti quatre poules et je ne sais combien d'œufs. J'ai aussitôt emboîté le pas à mon père. J'étais auprès de lui quand il a coincé le serpent contre un mur, à l'aide d'un bâton taillé en V. Pendant qu'il appuyait, nous avons vu la gueule de l'animal s'ouvrir, s'ouvrir de façon monstrueuse. De cette gueule s'échappaient des œufs entiers et des ailes de poule mélangées à des pattes couvertes de bave.

Un jour, alors que je savourais ma liberté tout juste conquise en musardant au soleil non loin du camp, je me suis allongée dans l'herbe, ce qui m'avait été interdit pendant deux ans, et j'ai observé avec un profond sentiment de bien-être les branches d'un arbre qui dansaient lentement au vent. Un vrai moment de bonheur, d'autant que je me souvenais comment Kasuya nous empêchait de nous coucher par terre en nous menaçant de nous priver de riz.

Mais alors que je profitais pleinement de cette parenthèse de liberté, quelque chose a vibré. Du coin de l'œil, j'ai aperçu un drôle d'objet en forme de disque qui brillait non loin de moi.

En regardant mieux, je me suis dit que c'était le couvercle d'une casserole, rond et argenté. Qui pouvait l'avoir laissé là, loin des maisons ? Et puis la chose a bougé légèrement. Je me suis levée, pas très rassurée. Un moment après, elle a émis un sifflement : je m'étais allongée près d'un serpent qui s'était lové sur lui-même. Il prenait le soleil dans le pré, comme moi. Il est resté immobile quand je me suis soulevée. Dans le cas contraire, cela n'aurait rien changé ; c'était une énorme couleuvre de marais, donc pas venimeuse. Mais avec les serpents on ne sait jamais : je me suis hâtée de décamper.

Le seul jouet qu'il y avait au camp était un petit ours en peluche dégarni, blanc et noir, que ma sœur Yuki était parvenue à dissimuler quand nous avions été enfermés puis privés de tous nos biens. Dans cet ourson, ma mère avait caché les poèmes que Fosco écrivait sur le côté encore vierge de feuilles jetées aux ordures par nos geôliers.

Drôle de père aux talents innombrables : ethnologue, passionné de philosophie, excellent photographe, doué pour les langues (il en parlait neuf), champion de ski, alpiniste ayant pris part à des expéditions dans les plus hauts sommets de l'Himalaya. Fosco était introverti et taiseux. En famille, nous ne l'entendions pas dire un mot pendant des semaines, et puis, sitôt entouré de ses amis, il retrouvait sa joie de vivre et son insouciance. Jusqu'à la fin, il a conservé sa mémoire prodigieuse, sa nature sereine et tolérante. Ses mouvements d'humeur étaient rares ; mais lorsqu'il se sentait blessé dans sa dignité, la colère pouvait lui inspirer des réactions fulgurantes, comme l'a bien montré l'épisode du doigt coupé.

Sa maîtrise de nombreuses langues le poussait sans cesse à les comparer ou à en chercher les origines communes ; il s'amusait à les mélanger ou à les dissocier avec habileté. Ses célèbres *Fànfole* ont été rééditées récemment. Les enfants les adorent, les adultes aussi. J'ai eu la surprise d'entendre une petite fille de sept ans qui les connaissait par cœur. Sans parler de l'excellent comédien Gigi Proietti, qui les récitait souvent dans ses spectacles avec un brio et un humour admirables.

L'élomp ne vatrèque ni ne glouït,
Et il est rare qu'il barycapte aussi.
Mais quand le biègue souffle en serpat
Il draviole un peu et s'archigambe nissa.

Ce sont les premiers vers d'un texte qu'on apprend dans les écoles. C'est amusant et ça fait réfléchir en même temps. Fosco qualifie ses poèmes de « métasémantiques ». Les mots se résument à leur sonorité, mais il suffit de les écouter pour qu'ils prennent une dimension émotionnelle ; les voilà transformés en « étincelles » qui aiguisent les sens. « Pour moi qui ai grandi en parlant plusieurs langues et qui en ai assimilé d'autres encore, la parole était un jouet, un feu d'artifice, un télescope, un piège. [...] Peu à peu, j'ai appris à aimer les mots de la même façon qu'un musicien aime les sons et les timbres, un peintre les couleurs et les mélanges, un sculpteur les formes et la peau de la matière. [...] Les mots, en somme, étaient à la fois un trésor et une bombe », écrit-il dans la préface du recueil.

Ma mère racontait que les seuls moments où son mari lui parlait vraiment, durant notre captivité marquée par le silence de la privation, c'était pour lui lire un nouveau poème. À sa demande, elle le cachait ensuite dans le ventre de l'ours dégarni qui passait ses nuits entre les bras de la petite Yuki – l'enfant qui a le plus souffert au camp et qui, selon mon père, en est morte.

Ne sommes-nous pas tous pareils à des bouteilles
Remplies de souvenirs et de gazetteilles ?
Bistroques, frougelis, filamiettes
Comblent les panses transparines,
Pampages, espifardes, inaniettes
S'enserpent en guirlandes chilestrines...

Les poèmes de Fosco tressent des sons harmonieusement rythmés, ils deviennent le théâtre de la pensée, les mots s'enchaînent et se renversent. Dans cette détermination d'écrivain clandestin, je retrouve beaucoup de sa mère, Yoi, qui a écrit des livres sobres et poignants sur sa passion des voyages et sur les enfances habitées par le mystère. Son fils était très attaché à elle. Au point d'avoir entendu sa voix le jour de sa mort, alors qu'il était prisonnier au Japon.

En revanche, quand elle est décédée, cela faisait des années que mon père ne parlait plus au sien. Il ne lui pardonnait pas d'avoir adhéré au fascisme, bien qu'Antonio l'eût fait au début du mouvement, quand celui-ci se présentait comme une forme de socialisme porteur d'une voix neuve et révolutionnaire. Il ne lui pardonnait pas de s'être tu devant les lois raciales de 1938. Il ne lui pardonnait pas d'avoir proposé que lui, Fosco, s'inscrive à son tour au parti sous prétexte que l'adhésion au régime aurait été un bon moyen de travailler en paix. Quand mon grand-père lui a présenté sa carte avec un sourire complice, son fils l'a déchirée sous son nez puis en a jeté les morceaux par terre. Alors Antonio l'a mis à la porte et ils ne se sont plus reparlés jusqu'à notre retour du Japon.

Avec sa mère anglaise, qui suivait en partie son mari dans ses choix politiques, mais uniquement par amour et pour garantir l'entente familiale, mon père cultivait une relation d'une intensité proche de la symbiose. Ils partageaient une même passion pour les voyages, une même curiosité pour l'Orient, un même penchant pour l'écriture et la lecture. Fosco ne parlait pas souvent d'elle. Comme je l'ai dit, ce n'était pas un bavard et il s'épanchait peu sur ce qui avait trait aux sentiments. Mais les rares fois où je l'ai entendu évoquer sa mère, il avait les yeux humides et ses lèvres tremblaient.

20

Dans ces limbes où nous vivions, en maîtres du camp mais avec de maigres ressources, l'attente était devenue une façon d'être au monde. Il y avait du désir, de l'impatience, et même de la résignation. Mais c'était bien l'attente qui dominait. Un membre de notre groupe a fait remarquer qu'en espagnol « attendre » se dit *esperar* – une façon de rappeler que prendre patience signifie surtout espérer. « Les hommes ne vivent pas, ils attendent toujours de vivre », écrit Sénèque. Nous profitions de la nature brumeuse et tendre de la campagne japonaise, libres de circuler, de nous reposer, de reprendre des forces, mais encore mal nourris et affaiblis par le béribéri et le scorbut.

Je jouais avec mon amie Keiko. Elle était timide, souriante, généreuse. Elle mettait souvent de côté une nèfle ou une carotte donnée par la vieille abbesse puis venait me l'apporter en cachette.

Nous allions ensemble au bord du petit lac qui se trouvait à quelques kilomètres du temple. Là, nous jouions à pêcher les têtards avant de les rejeter à l'eau. Une fois, j'ai vu une grenouille vert émeraude qui me regardait, à moitié plongée dans l'eau couleur noisette. À force de la fixer, j'ai cru la reconnaître. « Tu ne serais pas celle que j'ai sauvée le jour où tes congénères ont envahi notre camp ? Tu te rappelles comment les détenus se sont jetés sur vous pour vous mettre à cuire et vous dévorer ? C'était un vrai sauve-qui-peut ! » À la manière dont la grenouille plissait légèrement les yeux dans une sorte d'assentiment sournois, je me suis convaincue qu'elle disait oui.

J'ai toujours eu des relations affectueuses avec les animaux. À travers eux, ce sont nos propres sentiments que je reconnais. Même s'ils n'ont pas l'usage de la parole, je crois que nous sommes la proie des mêmes instincts, à quatre-vingt-dix-neuf pour cent. D'un côté, la peur, la colère, la jalousie, la suspicion, la haine, la rancœur, la soif de vengeance ; de l'autre, l'amour, la tendresse, la fidélité, l'attention, la générosité, l'affection. Certes, dès lors qu'on passe des instincts à la conscience, de la nature innée à la construction d'un ordre social, de la compétence pratique à la lucidité abstraite qui se transforme en connaissance technologique et philosophique, nous l'emportons sur les bêtes, c'est évident. Mais pour ce qui est du rapport à l'amour et à la souffrance, il n'y a, à mon sens, aucune différence entre elles et nous. D'ailleurs, à mesure que le savoir progresse, nous nous apercevons que les animaux sont dotés d'une capacité bien particulière, secrète et discrète, mais parfois puissante, à s'organiser collectivement et à communiquer : leur langage nous est inconnu, mais ils en usent avec efficacité et précision.

Voilà pourquoi j'ai tant aimé le conte dans lequel un pèlerin sauve des mouettes qui l'empêchent à leur tour de finir brûlé vif. Les échanges entre le monde animal et celui des humains permettent parfois de surmonter les barrières qui les séparent et de leur offrir une compréhension réciproque sereine.

Après les restrictions drastiques, après la férule de Kasuya, après la faim insatiable qui nous tenait éveillés et nous affaiblissait terriblement, nous revenions à la vie civile, faite de discussions abstraites, de sentiments, d'amitiés, de préoccupations autres que les moyens de trouver à manger. Nous ne regardions plus les bêtes comme des proies à dévorer mais comme des êtres vivants qui avaient droit à notre respect et à notre considération. Plus de chasses à la souris ni au serpent. Je n'essayais plus de broyer et d'avaler des fourmis en cachette, tout ça pour faire taire un estomac sens dessus dessous. Nous n'avions pas oublié que *nonno* Enrico avait écrit un livre de recettes végétariennes. Il y donnait celle d'une invention à lui : une fausse viande à base d'aubergines et de chapelure, agrémentée de pignons broyés et parfumée à la menthe sauvage. Ma mère tenait à nous le rappeler. Et d'ajouter que, sans un minimum pour survivre, des journées passées dans la peur et la souffrance conduisent l'homme à redevenir un animal, à oublier la culture, fondée sur la raison et la justice. Voilà pourquoi il est si indispensable que chacun puisse manger, se laver, dormir et aimer.

M. Weilschott, ce vieillard si cultivé, passait son temps à écouter les nouvelles au poste de radio laissé par les gardiens. Un matin, il nous a informés que sous peu des avions américains survoleraient la campagne autour de Nagoya pour repérer les derniers camps de prisonniers et y larguer des provisions. Il y en avait, semble-t-il, une quantité non négligeable. L'un d'eux n'était d'ailleurs pas loin du nôtre et était occupé par une vingtaine de Néerlandais. Certains étaient réservés aux militaires, d'autres aux dissidents politiques ou aux diplomates, d'autres encore aux intellectuels et aux simples citoyens comme nous.

De fait, dès le lendemain, nous avons aperçu de gros appareils ventrus qui volaient très bas au-dessus de nos têtes. Nous avons agité les bras pour nous manifester, mais ils ne nous voyaient pas. Avec son sens pratique et sa vivacité d'esprit légendaires, ma mère a alors eu l'idée de coudre un grand drapeau italien en se servant d'un peignoir vert qu'elle avait glissé dans la fameuse valise, d'un bout de drap blanc et d'un grand châle rouge que lui avaient offert les paysannes en échange d'un ouvrage de couture. Nous avons tous grimpé sur la petite colline pour déployer cet étendard improvisé, non sans émotion.

Un avion qui semblait nous chercher s'est fait entendre à nouveau. Nous l'avons vu descendre sur nous, ses moteurs à pleine puissance ; il était de plus en plus visible, de plus en plus proche, ça nous a fait peur. On aurait dit qu'il allait s'écraser sur nous. Et puis tout à coup, nous avons aperçu deux mains qui tenaient un appareil photo. Après ça, l'appareil s'est éloigné. Mais le lendemain il était déjà de retour, et lorsqu'il est passé pile au-dessus de nos têtes il a ouvert ses cales. Sur le bosquet et les rochers qui nous entouraient, il a déversé une trentaine de caisses accrochées à de petits parachutes et remplies de boîtes de conserve, de chaussures, de couvertures, de chewing-gums, de cigarettes et de bien d'autres choses encore.

Certains parachutes ne se sont pas ouverts. En dévalant les flancs de la colline, les caisses se sont fracassées contre les pierres saillantes, libérant ainsi leur merveilleux contenu. De la poudre de petits pois tourbillonnait dans le vent, des bouteilles de Coca-Cola se brisaient en répandant leur liquide noir, du lait concentré formait des cascades sur les rochers, attirant immédiatement des nuées de mouches et autres insectes, des fruits au sirop roulaient en se mélangeant à la terre rouge. De grosses chaussures militaires et des chemises couleur kaki restaient accrochées à des branches d'arbre, pareilles à des fruits grotesques.

La règle de l'armée américaine, explique Fosco, était la suivante : chaque camp de concentration devait recevoir des denrées pour cent, mille ou dix mille personnes. Nous avons obtenu la quantité minimale, celle pour cent individus. « Au bout de presque deux années de famine, de calculs à base de grains de riz, de haricots mis de côté un par un, telles des pierres précieuses, nous nous retrouvions dans un pays de cocagne. C'était l'Amérique dans la plénitude fabuleuse de ses richesses, c'étaient une générosité et une magnificence comme on n'en avait jamais vu ! » écrit-il.

Par la suite, j'ai découvert que même Hésiode, dans *Les Travaux et les Jours*, parle d'un lieu fantastique où les êtres humains « ne connaissaient ni le travail, ni la douleur, ni la cruelle vieillesse, [où] leurs pieds et leurs mains conservaient toujours la même vigueur, [où], loin de tous les maux, ils se réjouissaient au milieu des festins [et où] ils mouraient comme on s'endort ». Un lieu où ils n'avaient pas à gagner leur pitance à la sueur de leur front, car tout était à disposition. Boccace en parle aussi dans la troisième nouvelle de la huitième journée de son *Décaméron* : Bruno et Buffalmaco font croire au naïf Calandrino qu'il existe une contrée merveilleuse, le fameux pays de Bengodi (Bienjouir), « où l'on attache les vignes avec des saucisses » : « Il s'y trouve une montagne de pur parmesan gratiné, et les habitants de l'endroit ne s'occupent qu'à faire des macaronis ou des raviolis. Ils les font cuire dans un bouillon de chapon et les jettent au sol ; plus on en attrape, plus on en a. Tout près de là coule un ruisseau de blanquette, de la meilleure qu'on ait jamais bue, et sans une goutte d'eau encore ! »

Nos rêves littéraires devenaient réalité, nos longues journées passées à parler de nourriture se remplissaient soudain d'aliments véritables qu'on pouvait toucher, manger.

Moi qui avais reçu en secret quelques bols de riz et de *tsukemono* de la part de Keiko et de sa famille, j'étais heureuse, pour une fois, de pouvoir régaler mon amie japonaise de tablettes de chocolat, de viande en conserve et de pêches au sirop. Naturellement, tout a été partagé en parts strictement égales entre les anciens prisonniers. Chacun s'est retrouvé avec une petite pyramide de conserves, plus deux paires de chaussures et des chemises militaires. Rien à ma taille : on n'avait pas prévu qu'il puisse y avoir des enfants dans les camps.

Les paysans se sont comportés avec beaucoup de dignité. Ils sont venus demander de la nourriture, mais sans l'intention de faire l'aumône. Ils proposaient d'échanger des conserves contre des *gō* de riz. Mais on a vu aussi surgir des hommes au « comportement répugnant », selon les mots de

Fosco : d'anciens gardes, comme celui qu'on surnommait le Salopard, si dur avec nous pendant notre détention, et Fujita, toujours prêt à nous réprimander ou à nous menacer « avec des vociférations de guerrier qui casse tout, défonce tout, trucide tout » : « Après des mois, il a reparu lors de nos dernières journées au temple. [...] En faisant l'*osoru-osoru* (le trouillard), il a demandé de la plus abjecte des façons qu'on lui offre une paire de chaussures, une veste, des cigarettes. » Mon père l'a regardé, sidéré par une telle mesquinerie. Puis il lui a lancé ce qu'il réclamait, en lui intimant de ne plus jamais revenir.

21

Le 30 août 1945, après deux semaines d'incertitude, la préfecture de Nagoya nous a envoyé un camion pour nous ramener en ville. Nous avons grimpé à bord d'un véhicule semblable à celui qui nous avait conduits au temple de Kosai-ji, mais nous étions désormais dans un tout autre état d'esprit, bien moins décharnés et pas aussi mal en point qu'à notre arrivée. La nourriture est vraiment la clé de la survie. Lorsque nous en avons à foison, nous n'y pensons pas un seul instant. Nous devons faire des efforts pour garder la ligne, voir songer à suivre un régime. Mais quand notre corps n'a plus assez de protéines, de vitamines et de sels minéraux pour se maintenir et travailler, nous ne nous contentons pas de maigrir : nous devenons asociaux, dépressifs et irascibles (*scorbutici*, dit l'italien, un mot qui dérive à juste titre de « scorbut »).

La famille Maraini a renoué avec les sentiments, les embrassades et les petites attentions, qui s'étaient raréfiées au temps du désespoir et de la peur au quotidien. Je me souviens encore que je me cachais derrière les jambes de ma mère lorsque le Salopard hurlait qu'une fois la guerre gagnée les gardiens égorgeraient tous les détenus. Il y joignait un geste menaçant avec son pouce, qui semblait effectivement trancher une gorge de part en part. Kasuya, plus malin, avait disparu bien avant le discours de reddition de l'empereur : il avait senti ce qui se tramait et avait préféré se planquer. Mais j'ai déjà dit que Fujita et le Salopard, nos deux geôliers les plus agressifs et violents, étaient revenus jouer les quémandeurs. Ils se disaient malades, démunis, vaincus – bref, ils se faisaient plaindre pour obtenir des paquets de Camel ou de Lucky Strike.

On avait envie de leur demander : qu'avez-vous fait de tout ce que vous nous avez volé au fil des mois ? Avez-vous oublié les vexations, les brimades stupides que vous infligiez à de pauvres prisonniers qui tenaient à peine debout ? Avez-vous oublié la fois où vous nous avez donné des tranches de viande avariée en sachant que nous en mangerions quand même, parce que nous avions faim ? Oublié le jour où vous avez laissé des gâteaux moisir dans votre guérite, bien en évidence derrière la vitre, tout ça pour vous dispenser de nous les distribuer ? Oublié la façon dont vous traitiez ces enfants qui se précipitaient sur une épluchure de mandarine jetée du balcon ? La façon dont vous riiez devant ces petits corps qui s'aplatissaient pour ramasser vos restes et faire taire un estomac étranglé par un jeûne forcé ?

Des années plus tard, en 1968 précisément, j'ai réuni et traduit avec Michiko Nojiri près de deux cents poèmes japonais des XIXe et XXe siècles, dont celui-ci.

Au-dessus du Japon brillent maintes étoiles
Étoiles empestant l'essence
Étoiles parlant avec un accent étranger
Étoiles bourdonnant comme de vieilles Ford
Étoiles couleur Coca-Cola
Étoiles vibrant comme des frigidaires
Étoiles douceâtres comme de la viande en conserve
Étoiles nettoyées avec coton hydrophile et pincettes
Étoiles stérilisées au formol
Étoiles radioactives.
Parmi elles, certaines sont trop rapides pour l'œil de l'homme
Certaines tourbillonnent dans une orbite électrique
Et plongent en écumant
Dans les profondeurs du néant.
Au-dessus du Japon planent maintes étoiles
Dans les nuits gelées
Chaque nuit
Elles s'étirent en une chaîne lourde et scintillante.

L'auteur, Iku Takenaka, un poète très connu au Japon, est né à Kobé en 1904. Adolescent, il a fondé la revue littéraire *Rashin* (*La boussole*). Il a vécu à Paris et participé, avec Ryūnosuke Akutagawa et Man Ray, à la conception des « cinépoèmes ». Il a publié de nombreux recueils de poésies, traduits dans plus de dix langues. Il est à l'origine de la revue pour enfants, *Kirin* (*La girafe*), qui se donnait pour mission d'éduquer les jeunes lecteurs au sens de la beauté, car « connaître et pratiquer la beauté, c'est ne connaître ni la haine, ni la rancœur, ni l'agressivité, c'est être rétif à la guerre et aimer la nature ».

La poésie est un alcool fort qui, dans la tempête, le froid et la solitude, peut vous apporter sa chaleur. Jorge Semprun, qui a été envoyé à Buchenwald, le raconte fort bien dans *Le Grand Voyage*. Le seul endroit du camp où les nazis rechignaient à se rendre, et donc relativement sûr, était les latrines nauséabondes, avec leurs trous creusés dans le sol et toujours souillés de merde ou de vomi. C'est là que les déportés se réunissaient pour réciter des vers. S'ils n'avaient pas eu ces moments où ils renouaient avec leur identité, s'ils n'avaient pas été ensemble, unis quelques minutes par le plaisir des mots, loin de l'horreur qu'ils vivaient, ils n'auraient jamais pu conserver cette part infime de dignité que la faim, la mort toute proche, les humiliations, le numéro tatoué sur leur bras s'ingéniaient à détruire.

Pour Fosco aussi, les brefs poèmes écrits d'une main tremblante à cause du froid et des maladies étaient une raison de s'accrocher à la vie. Ces textes qu'il confiait à Topazia, je le rappelle, étaient cachés dans le ventre de l'ours en peluche noir et blanc dont ma sœur Yuki ne se séparait jamais. Hélas, ils ont été égarés en même temps que la peluche dans la confusion de notre libération. Les rares à avoir été sauvés sont ceux que papa avait appris par cœur. Mais la poésie, qu'a-t-elle de si puissant pour donner de la force même à un prisonnier de camp d'extermination ? Quelque chose en lien avec l'harmonie ? L'harmonie bouleversée par l'horreur d'une prison, où règne la dysharmonie ? « L'harmonie apporte sérénité et confiance, constatait ma mère avec sagesse. Elle invite à la rationalité, là où la dysharmonie pousse à la confusion, à la perte de soi. Elle devrait faire partie des droits humains, car elle encourage une relation positive avec les choses, avec la nature, avec la musique, avec l'avenir, avec soi-même. Là où il y a l'harmonie, il n'y a pas la guerre ; là où il y a l'harmonie, il n'y a ni haine ni destruction. » Est-ce vraiment le cas, ma mère, ma sage, mon infatigable mère ?

Ce qu'elle dit de l'harmonie m'évoque l'époque où j'intervenais à la prison romaine de Rebibbia sur l'invitation d'un magistrat, Vincenzo Ananìa, qui croyait dans le pouvoir émancipateur de la culture. Ensemble, nous avons ouvert une bibliothèque dans le centre pénitentiaire et proposé des cours de poésie. Je me souviens que les détenus venaient nombreux. Était-ce par simple curiosité, pour passer le temps ou par intérêt véritable ? Toujours est-il qu'ils se sont mis à lire et à écrire des poèmes. Le plus curieux, c'est que les meilleurs étaient deux frères originaires de Sardaigne qui avaient tué leur père à coups de couteau. Il n'empêche : leurs textes avaient une dimension biblique et grandiose, ils débordaient de tendresse et de douceur. Ces hommes savaient manier les mots pour restituer le rythme d'un grand bal populaire. Les autres les écoutaient bouche bée.

Comment deux cruels assassins pouvaient-ils révéler une sensibilité poétique aussi évidente ? me demandaient mes amis. Elle était pourtant bien réelle. Ces poètes descendaient dans les tréfonds des cavernes de l'âme humaine, là où il est presque impossible de respirer, pour sonder les rouages de la beauté et de la laideur. En les fréquentant, j'ai fini par comprendre qu'ils n'étaient pas des brutes sanguinaires et que leur crime obéissait à une logique tribale. Même si c'est difficile à saisir et à expliquer, leurs poèmes naissaient d'une métamorphose, d'une transformation spirituelle. Une fois arrachés à une terre implacable où certains crimes étaient imposés par la communauté, les deux frères étaient entrés par le savoir dans le monde de la beauté.

D'où cette grande question : lorsqu'on a commis des crimes effroyables, peut-on se repentir ? Peut-on retrouver son humanité et devenir quelqu'un d'autre en s'éduquant, en réfléchissant sur soi-même, en se cultivant ? Je l'ignore. Mais il est sûr que le droit a évolué en partant du principe que c'était possible. La peine d'emprisonnement n'est-elle pas assimilée à une rééducation ? Hélas, rares sont ceux qui parviennent à changer, tant leurs conditions de détention sont désastreuses.

Au cours de ces années où, chaque semaine, je suis allée parler avec des prisonniers, j'ai pu quand même mesurer la puissance de la parole sophistiquée, poétique, musicale. Quand vous vous emparez d'un moyen d'expression, l'intérêt pour les armes s'évanouit. Bien souvent, ceux qui se servent d'un revolver ou d'un couteau veulent dire quelque chose mais ne savent pas comment faire. Alors c'est leur arme qui parle. Ils crient au monde leur rancœur, leur colère, leur haine en s'en remettant à un bout de ferraille. Mais la pensée exprimée par le biais d'un revolver est pauvre et prévisible, elle n'apporte que la mort. Voilà pourquoi ceux qui conquièrent vraiment le pouvoir de la parole signifiante se détournent de celle des armes, misérable et brutale.

22

Ce sont les Américains qui, dès la fin de la guerre, nous ont donné des vêtements et une paire de chaussures ; ce sont eux qui nous ont offert des barres de chocolat et des bouteilles de Coca-Cola à profusion. On nous a généreusement hébergés dans le seul hôtel de Tokyo encore debout après tant de bombardements : l'hôtel Imperial, dessiné par le grand architecte Frank Lloyd Wright. Un établissement conçu dans le pur style Art déco, où les chaises ressemblaient à des queues de paon, les tables à des fleurs et les fenêtres aux yeux écarquillés de hiboux prêts à prendre leur envol. Ce bâtiment avait été construit selon une conception moderne du rapport entre l'homme et la nature. Il comptait quantité de chambres à très haut plafond, de couloirs recouverts de tapis rouges et de salons bondés les jours de noces, quand y déambulaient d'élégantes mariées portant des kimonos à fleurs imprimées sur un ciel pâle et bordé d'argent. À présent, on n'y voyait plus que des soldats américains, souriants, généreux, triomphants.

Était-ce la victoire qui les rendait si fascinants ? Ou le fait qu'il s'agissait d'une guerre juste, la seule guerre dont on pouvait dire qu'elle avait servi non pas à défendre des territoires ou des intérêts commerciaux mais à libérer le monde de l'horreur d'un racisme meurtrier ?

Les jeunes blondinets qu'étaient les soldats américains traversaient les vastes salons, chaussés de gros godillots en cuir marron. À chaque pas, ils faisaient un bruit dont tout le monde avait l'habitude. Un bruit reconnaissable entre mille, synonyme d'assurance et de gloire. Leurs jambes étaient prises dans des pantalons kaki et leurs vestes parfaitement taillées paraissaient pourtant étriquées sur ces dos fiers. Leurs corps étaient nimbés d'un halo magique, celui des vainqueurs qui regardent l'avenir avec le sourire, conscients d'avoir libéré le monde d'une tyrannie odieuse, au prix d'innombrables sacrifices et au nom d'une paix juste. Aussi les gens voyaient-ils des anges dans ces hommes.

Les vainqueurs semblent parfois venus du ciel, bénis par un Dieu paternel ; ils jouissent d'une aura mythique qui les mue en êtres aériens et rayonnants. C'est plus tard que les ennuis commencent, au moment de gouverner, de nouer des alliances, d'imposer une autorité crédible. Quand je pense à ce qu'ont représenté les jeunes soldats américains qui avaient terrassé l'effroyable dragon du nazisme, je me demande comment ils ont pu tomber aussi bas. Par exemple, l'un des choix les plus stupides qu'ait faits l'Amérique vis-à-vis de l'Italie a été de s'acoquiner avec la mafia lors de l'occupation de la Sicile. On a ainsi donné aux criminels de Cosa Nostra une légitimité qui n'a fait qu'accroître leur puissance. La Libération aurait pu être une occasion idéale pour infliger un coup décisif à ces réseaux criminels. Au contraire, par peur du communisme, les Américains ont préféré s'allier avec des hors-la-loi plutôt qu'avec les acteurs de la Résistance. Une erreur qu'ils ont répétée maintes fois en déclenchant des catastrophes à n'en plus finir, comme on l'a vu avec Pinochet au Chili, avec l'absurde guerre du Viet-nam ou encore avec l'envoi de tanks en Irak sous prétexte d'une menace nucléaire.

J'étais ensorcelée, comme tout un chacun, par ces jeunes et beaux vainqueurs. Ils avaient eu assez de force pour abattre le monstre nazi, ils avaient libéré les camps d'extermination et révélé au monde les horreurs qu'on y avait commises. Beaucoup n'avaient pas hésité à donner leur vie pour réduire à l'impuissance ceux qui, au nom d'une supériorité raciale, s'étaient arrogé le droit de dominer les prétendues races inférieures en recourant au pillage, à la torture et à l'assassinat systématique. Comment ne pas admirer ces soldats ? Comment ne pas les remercier pour ce sacrifice absolu ?

Et pourtant, cette aura mythique s'est quelque peu ternie, du moins à mes yeux. Un après-midi où mes parents se reposaient, l'un de ces hommes m'a prise par la main et entraînée dans sa chambre pour me montrer, prétendait-il, des photos de sa fille, censée me ressembler – presque une jumelle. Mais une fois qu'il eut fermé la porte et qu'il m'eut fait asseoir sur ses genoux, j'ai compris que c'était pour autre chose. Car aussitôt après, j'ai senti ses mains remonter le long de mes jambes nues d'enfant.

Étant trop jeune pour lui dire ma façon de penser, j'ai bondi afin de me délivrer de cette étreinte puis j'ai dégringolé les marches de l'escalier qui menait à notre chambre. J'ai tout raconté à ma mère. Indignée, elle a couru protester auprès des officiers supérieurs. Je ne sais pas ce qui s'est passé ensuite. Je n'ai plus revu le militaire en question : il a été remplacé par un jeune Noir, pas bien grand, qui portait des lunettes et se curait le nez avec les doigts. Mais par chance, il n'essayait pas de séduire les petites filles.

J'ignorais encore que de nombreux adultes perdent la tête pour des gamines prépubères. Et si cela expliquait pourquoi les Américains ont coutume d'appeler leurs amoureuses *baby*, alors qu'elles ont largement passé l'âge ? Les chansons anglophones répètent cette invocation sensuelle jusqu'à plus soif, *baby* par-ci, *baby* par-là. Est-ce qu'une tradition ancestrale pousse chaque homme à désirer coucher d'abord avec sa mère puis avec sa fille, comme le suggère Freud, même s'il apprend à réprimer cette pulsion par éducation et par obéissance à de puissants tabous ? Ne pourrait-on pas ajouter, non sans malice, qu'au moment d'étreindre un corps de femme adulte l'homme ferme souvent les yeux et s'imagine qu'il s'agit de celui de sa fille, ainsi que nous le raconte Nabokov dans *Lolita* ?

23

Sur plusieurs photos prises à Nagoya après la guerre, nous apparaissons épanouis et déjà remplumés. De là, on nous a transférés à Tokyo, où mon père a trouvé du travail en qualité qu'officier de liaison auprès d'un bureau de la 8e armée des États-Unis. Sa parfaite connaissance de l'anglais et du japonais l'a aidé à démêler les relations complexes entre vainqueurs et vaincus. Ma mère, elle, est devenue experte en art pour l'armée américaine. Quant à nous, les enfants, nous avions le droit de manger à toute heure de la journée. C'était un tel miracle que quelques mois ont suffi à nous faire engraisser comme des porcelets. Et puis nous étions libres de jouer dehors.

Les rues du Japon d'après-guerre étaient de grandes étendues désolées, jonchées de débris, de plaques de béton, de poutres brûlées et d'arbres abattus. Beaucoup de gens s'étaient ingéniés à construire de modestes abris à l'aide de planches calcinées par les bombes. Une couverture en guise de porte, des parois en carton retenues avec de la ficelle, et ils avaient un endroit où dormir. Ils passaient la journée accroupis sur le seuil de leur cahute, essayant de vendre les vestiges d'une vie qui avait volé en éclats : des lunettes, de vieilles pantoufles, des serviettes défraîchies, une veste froissée, une paire de *geta* (les fameuses sandales en bois) ou de *zori* (des tongs en raphia), usée mais pouvant encore servir. L'argent comptait peu : on avait instauré une économie de troc qui fonctionnait à merveille grâce à l'attention et à la méticulosité dont les Japonais font preuve en toutes circonstances.

Un jour, en jouant à cache-cache avec mes sœurs, je suis tombée sur des tessons de bouteilles et je me suis blessée au genou. Cette profonde entaille fut comme une empreinte laissée par le conflit. Elle refusait de guérir. Ma mère y passait des pommades à la pénicilline pour éviter qu'elle suppure. La plaie semblait se refermer mais finissait par se rouvrir. Je n'ai pas oublié la douleur aiguë et lancinante qu'elle provoquait. Pareille à une voix qui me disait : « Tu ne te libéreras pas si facilement du souvenir de la guerre. Ta tête a beau partir ailleurs, ton corps n'a pas quitté le camp et le béribéri t'habite encore. » Je me rappelle qu'un médecin américain m'a examinée juste après notre arrivée à Tokyo et a dit : « Cette enfant a le cœur de la taille d'une aubergine. » Un cœur épuisé, déformé par la dénutrition et les maladies.

« Hier soir, radioscopie de Dacia, elle n'a pas la tuberculose mais le béribéri et un grossissement du cœur, écrit ma mère. Yuki continue d'avoir 37,4 ou 37,5 tous les jours ; 37,3 pour Dacia. Désespérant. Toni fatiguée et pâle elle aussi. Également 37,4 pour moi hier. Depuis trois jours, nouvelles douleurs aiguës au niveau des jambes. »

Pas facile de se délivrer du camp et de ses coups de griffes. Au bout de huit mois de vie à l'hôtel, en équilibre entre un

Japon dévasté et une Amérique victorieuse et en liesse, on nous a finalement dit qu'un navire était prêt à partir pour la France. Nous voyagerions à son bord aux frais des libérateurs. Ma blessure au genou ne s'était toujours pas cicatrisée.

Sur le bateau américain, on nous a entraînés tous les jours à une éventuelle rencontre avec une bombe qui n'aurait pas explosé ou à l'attaque intempestive d'un quelconque sous-marin. Mais ce dont je me souviens surtout, c'est de la saveur exquise de la crème glacée, l'*ice cream* qu'on offrait en guise de goûter aux enfants qui avaient été prisonniers. Un délice à vous faire fondre l'âme. Elle avait un parfum de liberté et d'aventure. Aujourd'hui encore, si je ferme les yeux, je sens le mélange sucré de lait et d'œuf, de vanille et de crème. Je tournais le cornet entre mes doigts pour le faire durer le plus longtemps possible. Parfois, au lieu d'engloutir ma glace, je finissais par la laisser couler sur ma main et ma veste. Car le camp m'avait donné une habitude : ne jamais se précipiter quand on mange quelque chose de rare.

Ma mère me grondait. Quand je m'asseyais à la table de la vaste salle à manger pour le petit déjeuner, je glissais des morceaux de sucre dans ma poche. De retour dans la cabine que je partageais avec ma famille, je les cachais sous mon oreiller. « Tu vas attirer les mouches. Qu'est-ce que tu comptes faire avec tout ce sucre ? Nous ne sommes plus au camp ! » disait Topazia en riant. Je ne savais pas quoi lui répondre. Des années durant, j'ai continué à cacher de la nourriture pour plus tard, comme font les chiens quand ils enfouissent un bout de pain. Car l'avenir n'offre aucune certitude, il vaut mieux se préparer au pire. La faim est toujours là, prête à vous attraper par la peau du cou. Alors, comme le raconte Fosco, le moindre haricot, le moindre grain de riz est plus précieux qu'un bijou.

À Paris, nous avons pu nous acheter des vêtements avec l'argent donné par les Japonais, une avance sur l'indemnisation à laquelle nous avions droit au titre des souffrances subies. Le régime fasciste japonais s'était lamentablement effondré et avait conscience d'avoir maltraité ses prisonniers. En toute sincérité, j'ignore si le gouvernement pacifique qui lui a succédé après la guerre a versé ces dédommagements aux autorités italiennes. Ce fut bel et bien le cas, ont affirmé certains. Nous n'en avons pourtant jamais vu la couleur.

Peut-on parler de fascisme dans le cas du Japon ? Après la guerre, cette question a donné matière à un débat acharné entre politiciens et historiens. Je me réfère ici à « Fascismo in Giappone », un article de 2001 écrit par l'ancien résistant Giorgio Tosi pour le site *Storia XXI secolo*. D'aucuns disent que le pays était militariste, rien de plus. L'auteur, lui, affirme qu'il existait une forme de fascisme rampant, mais pas moins réel. « L'administration de l'époque des samouraïs a soudé le bloc qui était au pouvoir, et ce dès le début de l'industrialisation du Japon. À partir de la fin du XIXe siècle, elle contribua progressivement à donner corps non pas à un État de droit mais à un État ayant pour bases la loyauté et l'obéissance envers l'empereur (*tennō*) d'ascendance divine. » Et Tosi d'énumérer les signes distinctifs de ce sytème : « Démocratie inexistante, évincement du Parlement, caractère nationaliste affirmé. »

La révolution industrielle provoqua des troubles et les intellectuels revendiquèrent davantage de liberté, mais le Japon ne s'orienta pas pour autant vers un modèle de démocratie moderne et d'authentique État de droit. « On assista à un tournant autoritaire qui eut pour effet de renforcer un système impérial jouissant d'un large consensus de la population, poursuit Giorgio Tosi. Nous pourrions faire commencer le fascisme japonais en 1925, avec la tristement célèbre "Loi de préservation de la paix" (*Chian-iji hō*) sur le maintien de l'ordre public. Inimaginable dans un État de droit, elle accordait d'importants pouvoirs à la police, à la magistrature ainsi qu'à l'administration en matière de contrôle du consensus. Elle imposait également à tous les Japonais le devoir de défendre le *kōkūtai*, c'est-à-dire le corps national (définition si large qu'elle autorisait tous les abus), et introduisait la notion de "crime de pensée", qui transformait concrètement chaque sujet en accusé potentiel. [...] Entre 1925 et 1941, les organisations et les individus jugés dangereux pour le *kōkūtai* furent frappés et condamnés, à commencer par le mouvement ouvrier naissant et les intellectuels dissidents. [...] La Seconde Guerre mondiale commença pour le Japon en 1931, avec l'invasion de la Mandchourie. Suivirent le retrait de la Société des Nations, la guerre contre la Chine, l'occupation du Vietnam et l'attaque-surprise de Pearl Harbor – autant d'événements qui forgèrent politiquement et militairement l'alliance avec le régime nazi et le régime fasciste italien. »

Le politologue Masao Maruyama a identifié deux fascismes au Japon, l'un né d'en haut, c'est-à-dire issu des sommets de la hiérarchie politico-militaire, et l'autre d'en bas, au sein de la population. C'était un mouvement antilibéral, antibolchevique, antiparlementaire, au nationalisme exacerbé promouvant une politique expansionniste. Les fascistes nippons s'estimaient être les détenteurs d'un « mandat divin pour dominer le monde » et se considéraient supérieurs aux autres peuples d'Asie. L'historien Alessandro Lo Piccolo décrit la suite dans « Il Fascismo giapponese », un article de mars 2018 pour le site *Storico.org* : « Devenue la plus haute autorité du pays, l'armée accusait le Parlement de ne pas garantir un ordre stable. Beaucoup réclamaient ouvertement son abolition en vue d'instaurer un régime militaire. En 1932 naquit une organisation fasciste, la Fédération nationale des jeunes officiers, dirigée par le général Sadao Araki. Cette même année, des militaires assassinèrent le Premier ministre Tsuyoshi Inukai puis attaquèrent à coups de grenades le siège du gouvernement, ceux des partis politiques et celui du groupe Mitsubishi. En 1930, des officiers avait créé une société secrète baptisée Sakurakai [Société des fleurs de cerisier], qui s'était alliée aux extrémistes de la Ligue du sang. Ce sont eux qui perpétrèrent l'assassinat du Premier ministre. Anecdote surprenante : ces hommes projetaient également d'assassiner Charlie Chaplin, alors en visite au Japon, dans le but de déclencher une guerre avec les États-Unis. » Par chance, l'acteur assistait alors à un combat de sumo avec le fils du Premier ministre.

Navrée pour ces nombreuses citations : mes souvenirs sont ceux d'une enfant qui n'avait aucune conscience politique. C'est bien plus tard, à force de lire et d'étudier, que j'ai découvert ce qui s'était produit au Japon et dans le monde en ces années 1930. J'ai alors compris comment le fascisme avait pu se diffuser aussi largement. Ce qui m'effraie, c'est que de nombreux ingrédients de cette époque aient pu refaire surface dans les flux et les reflux de l'histoire actuelle.

« En 1936, un groupe de jeunes officiers prépara un coup d'État pour instaurer une dictature militaire censée supprimer aussi bien les partis de gauche que la liberté de la presse et poursuivre l'expansion militaire, raconte encore Alessandro Lo Piccolo. Le 26 février, les militaires rebelles occupèrent les bureaux du gouvernement et firent irruption au domicile de certains hommes politiques dans le but de les tuer. Si le Premier ministre [Keisuke Okada] échappa à la mort, ainsi que le chambellan de l'empereur, l'amiral Makoto Saitō fut abattu. [...] À l'en croire, la classe politique était corrompue et l'avidité des capitalistes n'avait d'égale que leur impuissance. Il appelait de ses vœux un gouvernement militaire avec l'empereur pour guide, mais de manière symbolique uniquement. La mutinerie dura quatre jours. L'empereur y répondit cette fois de manière très énergique. Les troupes se retirèrent dans les casernes dix-neuf personnes furent condamnées à la peine capitale. »

Le même historien explique que « l'idéologie fasciste japonaise s'inspirait des maximes du Bushidō. Ce code moral des samouraïs synthétisait la formation militaire du guerrier, fondée sur le sang mais aussi sur l'esprit. » Une « incarnation guerrière de l'héroïsme et de la force », impliquant de « dominer ses pensées et liée aux disciplines ésotériques du Zen. Le métier des armes et la maîtrise de techniques de combat comme le *jūjutsu* étaient indispensables à une formation spirituelle. Ce n'est pas tout : selon le code d'honneur des samouraïs, aucune tache ne devait salir la famille du guerrier. Autre principe fondamental : le mépris absolu envers un ennemi qui se rendait. Voilà pourquoi les soldats du Pays du Soleil levant faisaient preuve d'une telle brutalité envers leurs adversaires ».

24

Dans la Sicile d'après-guerre, nous avons d'abord habité à Porticello, dans une maison modeste mais située au bord d'une mer encore préservée de la pollution et d'autres ravages, puis à Bagheria. Nous allions ramasser des coques sur les rochers coupants qui jalonnaient la côte. Nous n'avions pas l'électricité : le soir, on allumait des lampes à pétrole. On avait de l'eau, mais il fallait la tirer d'un puits. On mangeait du poisson frais, mais pas le meilleur parce que les produits de qualité étaient envoyés à Milan par camion frigorifique. En contrepartie, nous jouissions d'un jardin rempli d'arbres aux fleurs parfumées.

Pour téléphoner, on devait se rendre dans un centre géré par l'opérateur local et faire la queue, tout ça pour hurler dans un combiné qui grésillait et perdre la communication toutes les cinq minutes. Il y avait peu d'appareils en circulation et nous n'avions pas les moyens d'en posséder un. En revanche, nous avions un vélo, celui de mon père, que j'enfourchais pour me rendre à la mer à vive allure. Je ne pouvais en descendre qu'en sautant de la selle. Bien des fois, je me suis écorché les jambes ou râpé les mains en tombant, mais cela m'était égal. Le camp m'avait rendue étonnamment résistante à la douleur. La plaie au genou que je m'étais faite à Tokyo après ma libération avait fini par guérir. Je savais désormais que les blessures en temps de paix ne duraient pas éternellement. Il suffisait de mettre un pansement dessus, et au bout de quelques jours j'en étais libérée.

Je me baignais avec mes sœurs. Nous plongions dans les vagues qui s'écrasaient sur les rochers noirs, défiant avec talent les rouleaux qui faisaient jaillir des boucles blanches d'eau salée. Il fallait le faire au moment où la lame se repliait sur elle-même avec une violence rageuse. C'était l'instant parfait pour sauter dedans puis émerger de l'autre côté, trempées jusqu'aux os et recouvertes de sel. Seulement, quelle joie de se sentir un peu poisson, un peu oiseau, de pouvoir entrer et sortir de l'eau d'un simple mouvement, tout en souplesse et sans la moindre entrave !

La saveur de la liberté était incomparable, tout comme l'énergie qui rendait sa vigueur à un corps amoureux de la vie et du soleil. « Oublions le camp ! nous disions-nous. Oublions la faim, les souffrances, la douleur, le cœur gros comme une aubergine ! » Quelque chose nous ramenait toujours à ces souvenirs, pourtant. Ma sœur Yuki, celle qui avait le plus souffert de notre incarcération, a contracté la diphtérie. Ma mère est restée à son chevet jour et nuit. La petite avait une forte fièvre qui refusait de la lâcher, malgré les traitements et les compresses humides que maman lui appliquait sans relâche. Nous lui faisions signe, derrière la fenêtre. La pauvre Yuki était blafarde et avait une respiration sifflante. Elle n'arrivait pas à venir à bout de ce qu'elle avait subi, alors que Toni et moi avions surmonté la dénutrition en étant choyées et bien alimentées.

À cette époque, nous n'habitions plus Porticello : le loyer étant trop cher, nous avions dû déménager à Bagheria, chez *nonna* Sofia, qui nous avait accueillis dans une dépendance réservée naguère aux animaux et transformée en appartement. Celui-ci était bas de plafond mais ouvrait sur le jardin, ce qui était très agréable. Mon père redoutait la duchesse, car elle dormait avec un fusil à côté de son lit. Une nuit, alors qu'il était sorti pour respirer une bouffée d'air pur, il s'est retrouvé avec le canon de l'arme sous le nez : sa belle-mère l'avait pris pour un cambrioleur !

Nous n'avions pas de quoi nous payer un dentiste digne de ce nom. Je me souviens qu'on m'a arraché une dent cariée avec des pinces, sans anesthésie, et que j'ai eu du sang plein la bouche. Je me souviens des mêmes chaussures ressemelées dix fois, d'un manteau de mon grand-père retaillé à ma mesure. Je me souviens de gants amputés des doigts parce que les extrémités étaient décousues. Bref, la pauvreté continuait de nous hanter, mais je n'en souffrais pas. La pauvreté unie à la liberté représentait une telle avancée par rapport à l'époque du camp ! Je la savourais en roulant très vite sur le vélo paternel. J'atteignais à peine les pédales, je devais les pousser du bout des pieds.

Avec mes petites sœurs, nous jouions à nous projeter dans un avenir rempli de visions fabuleuses. Nous imaginions une maison sous-marine dont les hauts murs en verre nous laissaient admirer les ondulations des algues et les poissons qui filaient. Une porte nous permettait de sortir pour aller nager avec nos amis les poulpes et les seiches.

Moi qui étais l'aînée, j'avais deux amies, Lina et Lena, les filles d'un boucher de la ville. Elles avaient mon âge. Avec elles, j'allais cueillir des mûres. Une fois, elles ont voulu m'inviter chez leur père, dans une pièce en sous-sol où l'on tuait les brebis. J'ai assisté à l'égorgement d'une bête serrée entre les jambes du type, elle s'agitait et bêlait à qui mieux mieux. L'homme lui a tranché la gorge de manière à ce que le sang s'écoule en un flot lent et épais dans un récipient en fer-blanc. Mais la brebis continuait à se débattre, ouvrant grand sa gueule dont ne sortait plus aucun son, les yeux exorbités. Et puis soudain, elle a penché la tête et capitulé, tandis que le sang continuait de jaillir. Pour finir, elle a sorti une petite langue rouge, comme un salut moqueur adressé à son assassin.

À compter de ce jour, je n'ai plus voulu manger de viande. Si se nourrir imposait des souffrances aussi atroces, alors autant s'abstenir. À côté de cette brebis, il y en avait d'ailleurs une autre – peut-être sa mère, ou sa sœur, je ne sais pas. Personne ne l'avait éloignée et je regardais la pauvre créature en train d'assister à ce martyre. Les yeux remplis de larmes, la bouche contractée, j'étais partagée entre terreur et pitié. Je songeais à tous les tourments infligés aux animaux par notre faute et j'en avais le cœur serré.

Hélas, comme je souffrais d'une carence en protéines, on m'a forcée à consommer de la viande. J'ai obéi, malgré la culpabilité. Mais des années plus tard, en devenant adulte, j'ai pris la résolution de ne plus en manger. Aucun docteur ne pourrait plus décider pour moi. Je tiendrais la promesse que je m'étais faite le jour de l'exécution de la brebis et ne toucherais plus jamais à de la viande. C'est ce qui s'est passé. Et je n'ai pas souffert pour autant d'anémie ou du fameux béribéri qui avait tellement pesé sur ma santé dans le camp japonais.

Cette brebis égorgée est restée gravée dans ma mémoire comme l'emblème d'une violence innommable.

« C'est normal, il en a toujours été ainsi, me rassurait le curé. Les plus forts mangent les plus faibles.

– Mais ce sont les bêtes féroces qui font des choses pareilles ! répliquais-je. Or nous ne sommes pas comme elles, nous passons notre temps à le dire.

– Nous avons été créés pour dominer l'univers. L'homme est un être supérieur, créé par Dieu.

– Et les animaux, par qui ont-ils été créés ? demandais-je, un peu honteuse de mon insistance puérile.

– Les animaux ont été créés par Dieu, mais pour servir l'homme.

– Servir comme un chien qui monte la garde ou un cheval qui tire une charrette ?

– Oui, exactement.

– Mais servir, ça veut aussi dire être égorgé pour donner sa viande à son propriétaire ?

– Oui, ça veut dire ça aussi.

– En somme, nous faisons comme les loups qui mangent les agneaux. »

Le prêtre souriait de mon effronterie et finissait par me donner une petite tape sur la tête.

« Mange, ma fille, sinon tu deviendras toute maigre et tu perdras tes cheveux, comme au camp. »

J'ai quand même arrêté la viande. Et je n'ai jamais perdu mes cheveux.

25

Si Fosco et Topazia purent accomplir le rituel du retour au foyer, pour la petite Dacia ce fut un saut dans des eaux inconnues, pas toujours accueillantes ni agréables. À commencer par l'italien, que je connaissais comme on connaît une langue étrangère, de manière abstraite et non charnelle. Je me voyais comme une petite Japonaise débarquée en Italie pour comprendre le passé de sa famille et construire son avenir, mais peu familière des us et coutumes du pays.

Et d'abord de la Sicile, avec ses beautés saisissantes, son air marin qui enveloppe les imposantes montagnes, son baroque visionnaire et somptueux, sa nourriture, ses parfums. Mais aussi sa dureté, sa misogynie, ses abus mafieux, ses traditions cruelles. Comment concilier les deux expériences ?

J'aurais pu réagir par la rébellion, de celles qui poussent les adolescents à se révolter ou à se faire volontairement du mal. J'ai choisi les livres et la musique. Je lisais du matin au soir, j'écoutais des disques sur un vieux gramophone. Il se grippait sans arrêt, mais, telle une sibylle, il m'a guidé dans ma nouvelle culture méditerranéenne.

Mes compositeurs préférés étaient Mozart et Verdi, pas si opposés qu'on pourrait le croire. L'un représentait pour moi la gaieté capricieuse et l'intelligence vive de l'esprit européen, l'autre exprimait la passion intense qu'éprouve le plus grand nombre pour les sentiments qui s'affranchissent des conventions. Par ailleurs, le doux Verdi se révélait l'un des rares artistes à avoir su chanter la douleur et la difficulté d'être femme dans un monde d'hommes, pas forcément méchants mais piégés dans leur rôle de dominants.

Plus tard, j'ai découvert la musique des *cantautori*, les auteurs-compositeurs italiens, surtout à partir du moment où j'ai rencontré et aimé Giuseppe Moretti, comédien et musicien. C'est lui qui m'a appris à écouter Lucio Dalla, Ornella Vannoni, Fabrizio De André, Fiorella Mannoia, et j'en passe.

Par chance, les mauvais livres n'avaient pas leur place dans notre bibliothèque. On n'y trouvait que des classiques en italien et en anglais je rappelle que mon père était à moitié britannique par sa mère. Si j'ai pu me passionner pour Jane Austen et Emily Dickinson, je le dois au souvenir de *nonna* Yoi, la voyageuse qui partait sac au dos à la découverte du monde. Une fois de retour, elle écrivait des romans.

Mes premières lectures furent les classiques anglais et américains. J'ai passé des heures fabuleusement prenantes en compagnie d'Hester Prynne dans *La Lettre écarlate*, de Fitz Darcy et Elizabeth Bennet dans *Orgueil et Préjugés*, d'Oliver Twist, de Moll Flanders et de tant d'autres personnages merveilleux, toujours ouverts à l'aventure et à la joie de vivre.

Vinrent ensuite les Français. Je me souviens de vacances où j'ai lu trente romans de Balzac à la chaîne, avec une exaltation dont j'étais la première surprise. Je renonçais souvent à me promener et à danser avec les jeunes de mon âge, alors que j'aimais beaucoup ça, pour me consacrer à cette passion des livres. Et puis je n'ai jamais été une grosse dormeuse : mes nuits se résumaient à de longues heures de lecture, parfois en cachette, dans ce pensionnat florentin où je bouquinais sous ma couverture, à la lumière d'une petite lampe-torche.

Avec les Français, il y eut aussi les Russes, dont Gogol, mon préféré. Et puis les grands poètes : Pouchkine, Essénine, Maïakovski, Akhmatova, Tsvetaïeva… Je les savourais en comparant leurs différentes traductions.

À l'école, où je m'ennuyais souvent, je lisais sous mon pupitre. Pendant ces heures de cours sans intérêt, je dévorais les tragiques grecs c'est ainsi que je me suis attachée pour toujours à Antigone, Iphigénie, Alceste. Et puis il y eut les livres d'histoire, et d'abord ceux d'Hérodote, que j'ai lus maintes et maintes fois et que je relis encore avec bonheur. Et que dire des merveilleux écrits d'Ovide, qui ne quittent jamais ma table de chevet, mais aussi de Platon, d'Aristote, de saint Augustin et de saint François !

Plus tard, je mesurerais la misogynie d'auteurs que j'aimais et dont je m'étais abreuvée. De toute évidence, ils n'avaient pas conscience de ce travers et ne faisaient qu'exprimer naïvement leur époque. Ils sont certes très nombreux dans ce cas, mais reconnaissons qu'ils livrent parfois de leurs héroïnes des descriptions formidables (quoique guère indulgentes), comme Flaubert avec Madame Bovary ou comme saint Augustin, même si pour lui la femme est d'une intelligence et d'une créativité inférieures à celles de l'homme.

Les livres ont fait de moi une Européenne par la sensibilité, les valeurs, la connaissance, et une Italienne par la langue. Le Japon est resté au fond de moi, avec ses premières expériences heureuses, suivies par les horreurs de la guerre et par celles du camp de concentration. Beaucoup de gens sont d'avis que je devrais détester le pays qui voulait ma mort. Il n'en est rien. J'aime le Japon et les Japonais, car, même à l'époque de mon internement, j'ai connu la gentillesse, la générosité, la solidarité des petites gens, et qu'importe si je subissais le sadisme, la folie nationaliste et le mépris raciste de nos gardiens.

« Nous n'avons pas d'autre choix que de nous dire chrétiens », affirme Benedetto Croce. Pour ma part, j'ajouterais que nous n'avons pas d'autre choix que de nous dire européens, par nos racines et nos schémas mentaux, par nos affinités et notre proximité avec la France, l'Espagne et l'Angleterre. Ces pays se sont longtemps fait la guerre, mais comme le font des frères, c'est-à-dire quand ils peinent à concevoir des valeurs et des intérêts communs. Désormais, peut-être savons-nous enfin que ce qui nous unit est plus fort que ce qui nous sépare. Et que les petits pays, crânement retranchés derrière leurs frontières, seront dévorés par les plus grands s'ils ne s'allient pas entre eux. Hélas, on voit grandir par réaction des puissances archaïques qui tentent de nous ramener à l'ère où les nations s'armaient les unes contre les autres. Ce sont néanmoins des idées à contre-courant de l'histoire ; elles finiront par mourir d'inanition, comme meurent tant de sentiments et tant de prétentions contraires à l'évolution et aux changements indispensables à une coexistence pacifique.

Bibliographie

Benedict (Ruth), *Le Chrysanthème et le sabre*, traduit de l'anglais (États-Unis) par Lise Mécréant, Paris, Picquier, 1987 ; rééd. « Picquier poche », 1995.

Levi (Primo), *Si c'est un homme*, traduit de l'italien par Martine Schruoffeneger, Paris, Julliard, 1987 ; rééd. Pocket, 1988.

Lo Piccolo (Alessandro), « Il fascismo giapponese », https://www.storico.org/ sud_est_asiatico/fascismo_giapponese.html

Maraini (Dacia), *Le Bateau pour Kôbé. Journaux japonais de ma mère*, traduit de l'italien par Nathalie Castagné, Paris, Seuil, 2003.

–, *Chiara di Assisi. Elogio della disobbedienza*, Milan, Rizzoli, 2016.

–, *Norma 44*, Rome, Editori & Associati, 1991.

–, *Il Treno dell'ultima Notte*, Milan, Rizzoli, 2008.

–, *Retour à Bagheria*, traduit de l'italien par Nathalie Castagné, Paris, Seuil, 2004.

Maraini (Fosco), *Case, amori, universi*, Milan, Mondadori, 1999 ; Milan, La Nave di Teseo, 2019.

–, *Gnòsi delle Fànfole*, Milan, Baldini & Castoldi, 1994 ; Milan, La Nave di Teseo, 2019.

–, *Ore giapponesi*, Bari, Leonardo da Vinci, 1957 ; traduction française d'Angélique Lévi sous le titre *Japon*, Paris, Arthaud, 1959.

Maraini (Toni), *Ricordi d'arte e prigionia di Topazia Alliata*, Palerme, Sellerio editore, 2003.

La Protesta poetica del Giappone. Antologia di cent'anni di poesia giapponese, sous la direction de Dacia Maraini et Michiko Nojiri, Rome, Officina Edizioni, 1968.

Semprun (Jorge), *Le Grand Voyage*, Paris, Gallimard, 1963 ; rééd. « Folio », 1972.

Maruyama (Masao), *Le Fascisme japonais (1931-1945). Analyse et interprétation,* traduit du japonais et commenté par Morvan Perroncel, Paris, Les Belles Lettres, 2021.

Tosi (Giorgio), « *Fascismo in Giappone* », http://www.storiaxxisecolo.it/ fascismo/fascismo21.htm

Zeller (Guillaume), *La Baraque des prêtres. Dachau, 1938-1945*, Paris, Tallandier, 2015 ; rééd. « Texto », 2017.

pca
cmb
édition pré-presse
livres numériques

44400 Rezé

IMPRIM'VERT®

Achevé d'imprimer
en décembre 2024
par Corlet Imprimeur
14110 Condé-en-Normandie

Dépôt légal : décembre 2024
N° d'imprimeur : 24100373
Imprimé en France